作者近四五年来的文史随笔结集

故纸眉批

一个传媒人的读史心得

Gu Zhi Mei Pi

Yi Ge Chuan Mei Ren De Du Shi Xin De

郑连根 ◎著

黄河出版传媒集团
阳光出版社

故纸眉批

——一个传媒人的读史心得

郑连根

序

本书是我最近四五年间所写文史随笔的一个结集。因文章内容都与历史有关，故名之为《故纸眉批》。

我是一个传媒人，工作之余喜欢读史。读多了就思考，把思考用文字固定下来，便是这些文章。因为不是专门的历史学者，所以我对历史的解读和分析就完全是个人化的，不成体系，不求建树，充其量只是"眉批"；又因为我是一名传媒人，对当下生活亦需时时加以关注，所以能感到现实与历史之间的那种特殊的纠葛、错位和张力。这样的视角可能会使我的"眉批"或多或少地带上现实针对性。我不知道这是好还是坏，好与不好还是交给读者去评判吧。我真诚地期待着各种评判。

需要说明的是，此前，台湾的秀威出版社出版过这本书的中文繁体字版。此次趁着出版简体字版的机会，我又对本书进行了一些修订。向为本书的出版做出过辛勤劳作的蔡登山先生、黄皎洁女士、刁冰女士致以衷心的感谢。

是为序。

图书在版编目（CIP）数据

　　故纸眉批：一个传媒人的读史心得 /郑连根著. --
银川：阳光出版社，2010. 5

　　ISBN 978-7-80620-635-5

　　Ⅰ. ①故… Ⅱ. ①郑… Ⅲ. ①史评-中国-文集
Ⅳ. ①K207-53

　　中国版本图书馆CIP数据核字(2010)第075041号

故纸眉批
　　——一个传媒人的读史心得　　　　　郑连根 著

责任编辑　　马红薇
装帧设计　　任国荣
责任印制　　王怀庆

黄河出版传媒集团
阳 光 出 版 社　　出版发行

地　　址　　银川市北京东路139号出版大厦（750001）
网　　址　　www.nxcbn.com
网上书店　　www.hh-book.com
电子信箱　　nxhhsz@yahoo.cn
邮购电话　　0951-5044614
经　　销　　全国新华书店
印刷装订　　河北大厂县彩虹印刷有限公司
印刷委托书号（宁）0003767

开　　本　　787mm×1092mm 1/16
印　　张　　16.5
字　　数　　180千
印　　数　　5000册
版　　次　　2010年5月第1版
印　　次　　2010年5月第1次印刷
书　　号　　ISBN 987-7-80620-635-5/k·16

定　　价　　29.80元

版权所有　　翻版必究

目　录

第二辑：探寻历史事件之明暗

第三辑：评说历史名人之得失

第一辑：解析历史思潮之进退

训政之路

一

作家韩少功在《夜行者梦语》中写道："人类常常把一些事情做坏，比如把爱情做成贞节牌坊，把自由做成暴民四起，一谈起社会均富就出现专吃大锅饭的懒汉，一谈起市场竞争就有财迷心窍唯利是图的铜臭。思想的龙种总是在黑压压的人群中一次次地收获现实的跳蚤。或者说，我们的现实本来太多跳蚤，却被思想家一次次地说成龙种，让大家觉得悦耳和体面。如果让耶稣遥望中世纪的宗教法庭，如果让爱因斯坦遥望广岛的废墟，如果让欧文、傅立叶、马克思遥望苏联的古拉格群岛和中国的"文革"，他们大概都会觉得尴尬以及无话可说。"这话说得很对。不过，我还想加上一句：如果让西方的宪政先贤们遥望中国的训政之路，他们一定会觉得啼笑皆非。

中国现代化的过程其实就是"发现西方"的过程。无论是鸦片战争之后中国人对英国"船坚炮利"的认识，还是康有为、梁启超等人对君主立宪政体的鼓吹，无论是严复对达尔文进化论的译介，还是孙中山为民主共和的奔走呼号，都贯串着一条清晰的线索：把西方先进的东西引进到中国来。

经过诸多先贤们的努力，先是西方先进的科技引进了中国，随后，到辛亥革命时，据说"民主共和的观念"也"深入人心"了。其实，问题没这么简单。作为"龙种"的西方宪政思想，一遇到"中国的特殊国情"，一遭遇中国几千年的封建专制传统，它就变形了。

在中国，封建专制的思想常常会披上一件新的外套继续招摇。训政，就是宪政在中国蜕变的产物——它打着宪政的旗号，其实骨子还是专制的基因。

二

中国几千年的封建专制制度，造就了暴君，也造就了愚民（这一点已经被中国的历史反复地证明过了）。暴政之下，只有愚民才能是"顺民"，否则就便是"刁民"。所以，暴政和愚民堪称一对绝世"好搭档"。两者的相互配合，使得中国的封建社会维系了那么长的时间。

在资产阶级维新派在中国试图"改良"时，康有为、梁启超等人很快发现，"改革"的阻力不但来自保守的封建官僚，还来自底层的"愚民"。这使他们认识到，对"愚民"是无法实行民主的，"愚民"根本没有自我管理、自我发展的能力，"愚民"必须要接受"训导"。作为思想家的梁启超，不断地呼吁要中国人做"国民"，这其中自然含有唤醒民众的积极意义；但是，若考虑到梁启超同时作为政治家的身份，这里也就有"训政"的味道了。

当然，康有为、梁启超等人还没有把"训政"发展成一种成熟的"思想体系"。完成这一工作的，恰恰是以"民主共和"为终身奋斗目标的孙中山先生。人们爱说，历史是一位睿智的老人。可是我却常常感到，历史也像一个顽皮的孩童，他时常会搞些小小的恶作剧，让你打也不是骂也不是。以"革命先行者"著称的孙中山先生，以极为坚韧和决绝的作为领导了辛亥革命，终止了清王朝，从而宣布了封建制度在中国社会的完结。这样的功勋，怎样说都该彪炳史册。可是，就是这样一位令人敬仰的伟人，却提出了"训政"的思想，把西方宪政这一"思想的龙种"变成了中国现实的"跳蚤"。

孙中山坚决反对封建专制制度，义无反顾地要推翻清王朝，建立国民政府。但是他同样遇到了这样的问题："愚民"并不理解他所领导的辛亥革命。鲁迅先生在小说《阿Q正传》《药》中就指出过这一点。被封建专制制度愚弄惯了的底层民众是一群麻木的看客，是"沉默的大多数"。他们不理解民主和自由，不理解革命，也不懂得自己作为国民应有的权利。面对这样的情形，矢志于民权目标的孙中山也深信中国民众尚未准备好担负起自治的责任。基于这样的判断，他认为国民革命有三个阶段：第一个阶段是军政阶段，这时的国民党人要依靠军事力量实现全国统一，并巩固国民政权；第二个阶段就是训政阶段，在这个阶段，革命党的任务就是要代表民众行使国家主权；同时，要在各地训练民众实行自治。通过选举县长、召开县代表大会和制定法律，以便使县一级能充分实行自治，这样民众才能受到教育，准备进行革命的第三个阶段，即民主的宪政阶段。

《国民政府建国大纲》写于"民国十三年"，即1924年。其实，训政的思想早就在孙中山的头脑中形成了。至迟至1922年，孙中山就表述过类似的看法，他说底层民众是"无知可怜"的幼儿，而革命党则是保姆，并说："我们建立民国，主权在民，这四万万人民就是我们的皇帝，帝民之说，由此而来。这四万万皇帝，一来幼稚，二来不能亲政。我们革命党既以武力扫除残暴，拯救得皇帝于水火之中，保卫而训育之，则民国的根基巩固，帝民也永赖万世无疆之休。"

孙中山的"革命阶段"论及其所派生出来的"训政之说"，其初衷或许是鉴于中国现实所采取的一种"策略"，是一种权宜之计，是为了实现民主宪政的一种手段和步骤。但是，它所隐含着的专制倾向还是能被明眼人看出的。陈炯明就是这样的人。他断然不同意"训政"之说。他说："训政之说，尤为失当。此属君政时代之口吻，不图党人袭而用之，以临吾民。试问政为何物？尚待于训耶！民主政治，以人民自治为极则，人民不能自治，或不予以自治机会，专靠官僚为之代治，并且为之教训，此种官僚政治，文告政治，中国行之数千年，而未有长足之进步。国民党人有何法宝，以善其后耶？徒使人民不得自治机会，而大小官僚，反得藉训政之谬说，阻碍民治之进行。"

陈炯明所倾心的，是联省自治。"五四"运动后，一些学者认为，既然南北政府都无力统一全国，与其连年征战，不如各省先行自治，把自己的事情办好了，再实行联省自治。如此便可以不通过武力而最终实现全国统一。陈炯明对联省自治尤为心驰神往，1921年2月，他在《建设方略》一文中，详细解释了自己的政治见解："近世以来，国家与人民之关系愈密，则政事愈繁，非如古之循吏可以宽简为治，一切政事皆与人民有直接之利害，不可不使人民自为谋之。若事事受成于中央，与中央愈近，则与人民愈远，不但使人民永处于被动之地位，民治未由养成，中央即有为人民谋幸福之诚意，亦未由实现也。"

陈炯明一直被说成是"军阀"，理由自然是他炮轰总统府，叛变孙中山。但是，如果本着充分尊重历史的态度，我们就会发现陈炯明的"闪光之处"，他对"训政"的批判可谓一针见血，切中要害。中国百姓"愚昧"，没文化，不懂民主，不理解政府的"良苦用心"，这些即便是中国的实情（而且还不全是），也决不能成为"训政"的理由。民主确实需要学习，但民主更是一种实践手段，民主经验的获得和民主意识的增强，需要在民主的制度下，通过公民自己自觉地参政议政来实现；宪政确实需要建设，但政府必须先提供宪政的基石和框架。宪政的理念只有在政府拿出了宪政的制度和框架之后才能更快更好地深入人心。在这一点上，包括孙中山在内的许多人都犯了一个致命的错误，他们以为，中国人"愚昧"，文化水平太低，还不能实现民主，等把这些民众教育好了，再实现民主的宪政也不迟。这样的想法显然是本末倒置的。民主和宪政有点像游泳，要想学会游泳，就必须亲自到水里去"扑腾"，如果怕挨淹而不敢"下水"，只在岸上听别人讲游泳的"动作要领"，那是无论如何都学不会游泳的。

不给民众以实践民主的机会，光把民众当"无知可怜"的幼儿来"训导"，那不但不能提高民智，反而会重新回到封建专制主义惯用的"愚民"的臼窠中。对于这一点，陈独秀也有深刻的认识，1916年，他就在《吾人之最后觉悟》一文中说："今之所谓共和、所谓立宪者，乃少数政党之主张，多数国民不见有若何切身利害之感而有所取舍也……立宪政治而不出于多数国民之自觉、多数国民之自动，惟曰仰望善良政府、贤人政治，其卑屈陋劣，与奴隶之希冀主恩、小民之希冀圣君贤相施行仁政，无以异也。"

一项改革也罢，一场革命也罢，如果只是从"政府"和"领袖"的本位出发，而不是从"国民"的本位出发，只是把"国民"当做一种实现目标的手段，那么，"多数国民"就无法从这样的改革和革命中得到民主权利和个人自由。即便这样的改革和革命成功了，"多数国民"被动的、配角的身份仍然不会改变，他们的命运也依然要让少数人来掌控。正是从这个层面上，我们说，训政表面上看起来顺理成章，是宪政思想和"中国具体国情相结合"的产物，实则是中国封建专制思想的重演——只不过它此次登台时穿上了一件宪政的外衣而已。孙中山之后，蒋介石及南京国民党政府以实践进一步证明："训政"必然会一步一步地滑向专制主义的深渊，"训政"之树上根本就不会结出民主宪政的果实。

三

1927年，国民党实现形式上的全国统一，成立了国民政府，随后即宣布进入训政时期。训政，表面上的意思跟孙中山在《国民政府建国大纲》中提出的一样，即由国民党代表民众行使管理国家的权力，"以党治国"。这样，国民党全国代表大会和中央执行委员会也就拥有了最高的权力，它负责指导党务、制定国民党政府的大政方针和对人民进行"训导"。这些光在纸面上讲当然是很动听的，但实际上，我们完全可以说，蒋介石实行"训政"之日，也就是他的独裁统治开始之时。训政不但没让中国人学会民主和自由，反倒让人们见识了什么是专制独裁，什么是争权夺利，什么是尔虞我诈，什么是贪污腐败！封建社会的中国是"家天下"，至此，变成了"党天下"，而蒋介石又是国民党的"党魁"，所以他也就天然具有了"训导"人民的资格。由训政而专制独裁，其逻辑如此简单。当然，现实的发展也还是有一个过程的。

训政的矛盾之处从一开始实行就显现了出来。口口声声说要教导人民学会民主的国民党，几乎处处都以维护"党的利益"为借口压制民众的民主要求。20世纪20年代中期，中国的工会因组织严密，在社会生活中很有"博弈能力"，可是到了1927年，这些工会的领导人被撤职，而由国民党政权的代理人接替。工会的指导原则也不再是阶级斗争了，它被要求要与雇主和政府合作。工会的独立活动受到禁止，工会变成了国民党政权的驯服工具。自1919年五四运动以来，学生运动一直是中国政治生活中的一个因素，但到训政时期也受到了压制。1930年，国民党取缔了一切非学术性的学生团体，学生被要求要专心读书，避免参加政治活动。1931年"九一八"事变之后，日本侵略中国的意图日益暴露，学生的爱国热情一次次地迸发为游行示威等抗议活动，国民党政府对学生的这些抗议活动，最终一概以武力回答。

国民党政府不相信任何非政府发动和控制的政治运动，维护党国的秩序和稳定成了它压制民众活动的一个最重要的借口。与此同时，国民党政府却一天比一天腐败，它的贪污腐化、派系倾轧和管理无能，仅到1930年就再也掩饰不住了。1930年5月20日的《北华捷报》发表评论说："与18个月前的热情相比，今日所有中国人中的绝望感，也许是最糟的一点。"三年后，《国闻周报》更是一针见血地指出："民众厌弃国民党之心理，为不可讳言之事实。"

强大的现代国家都有一个共同的特点：相当广泛的公众被动员起来支持政府的政治目标。而国民党政府反其道而行之，他们只知道控制政治局势和社会秩序，为的是维护"党国"的利益，而不信任民众运动和个人的首创精神，所以它被民众所"厌弃"并最终走向衰败也就不足为奇了。

说到底，蒋介石及国民党一直就面临权力来源的问题。无论是国民党政权里的众多官僚，还是作为"党魁"的蒋介石本人，他们的权力都不是合法得来的。他们的权力可能是经过战争抢来的，也可能是经过行贿上司买来的，还可能是通过尔虞我诈骗来的，当然更有可能是通过"做了女婿换来的"……但是，就是没有经过真真正正的选举选出来的。没有经过真正民众选票的授权，权力的来路就是不正当的。行使来路不正的权力，类似于小偷使用偷来的器物，总不能理直气壮。从这个意义上讲，承担训政之责的政府和它的官僚们是心虚的。所以他们不敢相信民众的群体活动——只要这民众不是他们组织的，不是他们可以控制的，他们就害怕，他们就要禁止。这里面还暗含着这样一个思路：若不经政府组织的民众群体活动能进行得很好，不但没危害社会，反而大大地造福于社会，那么，这就充分地说明了民众有自我组织、自我管理的能力。而这正是训政政府及其官僚们所不愿意看到的。民众自治能力的展示恰恰瓦解了训政的基础——须知，民众"愚昧"才需要训政，既然民众已经有足够的自治能力，你为什么不"还政于民"？还"训政"个啥？这样的提问对训政政府来说当然是有着致命的打击的；反过来，若未经政府组织的民众群体活动没搞好，闹出了"乱子"，那也是执行训政之职的官僚们所不愿意看到的。因为这虽然证明了民众还不足以实行宪政，但这同时也说明政府没履行好"训导"之职，属于"训政不力"，管理"不到位"，"相关人士"说不定还要承担责任。所以，综合权衡，不让民众"参政议政"，不让民众进行群体活动，不给民众以表达自己利益诉求和证明自治能力的机会，便成了训政政府及其官僚们的最佳选择。

信任总是相互的，政府不相信它的民众，民众自然也就不满意这个政府。在宪政之下，公民批评政府是天然的权利；而在训政之下，这是不可以的。政府及其官僚们承担着"训导"国民之责，他们若被批评，那脸面何在？尊严何在？还怎么继续训导下去？更重要的是，这将导致"训导"者和被"训导"者间"师生关系"及相应的道德优越感的置换与错位。而这当然也是训政政府不能容忍的。所以，压制批评、打击不同声音便成了训政政府天经地义的选择。国民党政府对政治上的反对者、爱搞"批评报道"的新闻记者、持不同政见的学者和思想家，一律采用收买加暗杀的手段。此外，它还通过"党化新闻"，以"中宣部"的名义操控舆论，在极力为"党天下"唱赞歌的同时打压那些不肯合作的媒体和文化人，强化党对新闻界的控制。

从1927年起，国民党政府一方面依靠官方新闻网络，垄断新闻的发布权和评论权，控制全国的舆论，"阐明党义，宣扬国策"，另一方面还制定了许多新闻法规，钳制人民的言论出版自由。在1929年至1934年间，国民党制定的与新闻有关的法规有《宣传品审查条例》《出版法》《出版法实施细则》《宣传品审查标准》《新闻检查标准》《修正重要都市新闻检查办法》《指导全国广播电台播送节目办法》《图书杂志审查办法》《危害民国紧急治罪法》等。自然，这些法规多属新闻"恶法"，专制独裁色彩极浓。到了抗日战争相持阶段，国民党又制定了许多与新闻相关的法规，如《修正出版法细则》《抗战时期报社通讯社申请登记及变更登记暂行办法》《战时新闻检查办法》《修正战时新闻禁载标准》《修正战时新闻检查办法》《战时新闻违检惩罚办法》《修正抗战期间图书杂志审查标准》《修正战时图书杂志原告审查办法》等，1942年7月，国民党还借抗战之际公布了一个《国家总动员法》，其中规定："政府于必要时，得对报馆及通讯社之设立，报纸通讯稿及其他印刷物之记载，加以限制、停止，或命令其为一定之记载。"这样，就利用法规进一步钳制了新闻出版自由。

当然，国民党还实施严格的书报检查制度，随意扣押书报。1929年，国民党在各地设邮件检查所，实行邮电检查；1931年，在南京、上海、北京、天津等重要城市设立了新闻检查所；1934年又专门成立了中央宣传委员会图书杂志审查委员会；1935年又成立了中央新闻检查处，一再强化它的出版审查制度。

按孙中山的设想，训政是实现宪政的一个阶段，可到了蒋介石及南京国民党政府这里，训政就成了拒绝实行民主、拒绝给民众以自由和权利的借口。本来以为是通往宪政的一个路径，现在却成了宪政之路上的一个障碍，训政思想就这样走向了它当初预设目标的反面。

四

顾名思义，宪政就是用宪法来保障公民的个人权利并协调社会各阶层的利益冲突，这是西方宪政的本义。可是，到了中国，在训政政府看来，宪法原有的人文内涵荡然无存，而它的工具性和功利性得以突显。宪法成了训政者"训导"国民、凝聚国家力量的一种工具。在西方是自由主义、个人主义产物的宪法和法律，在中国却成了集权主义者手中的一根大棒。挥舞着训政的大旗，高举国家主义、民族主义的大棒，蒋介石及其南京国民党政府一天天地走向了独裁，走向了法西斯主义。

20世纪30年代，由于墨索里尼统治下的意大利和希特勒统治下的德国的力量日益增长，法西斯理论引起了蒋介石的注意，他十分赞赏纳粹的组织及其活动方法。1935年，蒋介石就曾在国民党蓝衣社的一次集会上宣称："法西斯主义是衰退社会中的一副兴奋剂。""法西斯主义能救中国吗？我们回答：能。法西斯主义就是现在中国最需要的东西。"在这样的思想指导下，"蒋总统"发起了"新生活运动"。他希望通过法西斯主义来重建中国的政治、社会秩序。他甚至深情地回忆起自己在日本军校度过的学生时代，声称那里严格的兵营纪律大体上体现了他对中国社会的理想，而日本、意大利、德国则实现了这种理想。所以，他也要把中国引到法西斯之路上去以实现他的社会理想。他在《新生活运动之要义》中说：“按照法西斯主义，组织、精神和活动都须军事化……在家庭、工厂和政府机关，每个人的活动必须和军队中一样……换句话说，必须有服从、牺牲、严格、清洁、准确、勤奋、保密……大家在一起必须坚定地、勇敢地为团体和国家作出牺牲。”

显然，“新生活运动”的价值指向是保守的和反动的。陈独秀、李大钊、胡适等人发起的五四新文化运动之所以彪炳史册，就在于它是一场思想解放运动，它努力把个人从中国封建传统的桎梏中解放出来。而蒋介石及南京国民党政府发起的“新生活运动”则是一场把个人的精神和思想拉回到传统、拉回到集体和政党的束缚中去的新的“愚民”运动。陈独秀、李大钊、鲁迅等人高呼打倒孔家店，而对国民实施“训政”的蒋介石和国民党政府则恢复了尊孔。在中国，尊孔向来都不是简单地尊重教育家孔子的意思。从“领袖”和“政客”嘴里出来的“尊孔”，潜台词其实是“尊我”，是要百姓无条件地放弃个人权利，作“牺牲”，以尊重“领袖”，服从组织。

训政需要对国民进行“训导”，而训导就需要有“精神领袖”和“思想导师”。国民党南京政府对全国人民实行“训政”，那么，作为国民党“党魁”的蒋介石便天然地成了全国人民的“精神领袖”和“思想导师”。“精神领袖”和“思想导师”都不是坏身份，有人想当“精神领袖”和“思想导师”也不能说就是坏事，但是，一个手握重权的现代执政党的“党魁”和国家领导人若再将“精神领袖”和“思想导师”的身份统统揽下，那就会有害无益。因为，“政教合一”必然导致权力的绝对膨胀，而绝对的权力必然导致绝对的腐败。

可惜，就像饕餮之徒一样，专制独裁者对权力也是从来都不知道节制的。主持"训政"的蒋介石既然发起了"新生活运动",就说明他已经认定了自己的"圣君"地位和国民的"愚民"身份。这也就陷入"训政"的根本悖谬之处:在特定的历史阶段,中国的民众或许真的是"愚民",但是不要忘了,那些自以为是"圣君"、有资格"训导"国民的人不但不会是真的"圣君",而且往往是"暴君",是独裁者。因为只有专制统治和"暴君"才会跟"愚民"配套。如果政治制度民主,国家领袖开明,政策方针得体,那么,"民生"有保障,"民权"深入人心,国民的智力水平当然也会跟进,"愚民"和"刁民"自会大幅减少,而身心健全的公民必然成了民众的主流。所以,从根本上讲,训政思想看似是在民众"愚昧"的情况下不得不采取的权宜之计,可实际上,恰恰是政府的"训政"导致了"愚民",而非"愚民"要求了政府的"训政"。正因如此,训政的实践便总是要导致政治专制和领袖独裁,而绝对不会是国民参政议政水平的极大提高和社会民主进程的飞速发展。

训政,是一条歧路,通过它,永远无法抵达宪政的彼岸。

五

就像陈炯明早在1922年就对孙中山的训政之说提出批评一样,中国共产党也对蒋介石及南京国民党政府以"训政"为借口不给人民以自由和民主的做法提出了强烈的批判。尤其可贵的是,中国共产党在延安时就在理论上指出了以训政为由行专制之实的危害,而且还通过解放区的民主实践证明了训政之说的荒谬之处。

中国百姓的文化水平低，不能很好地运用选举权，所以不能对他们实行民主，只能训政。这是当年蒋介石及南京国民党政府所持的论调。针对这种论调，1946年1月24日的《新华日报》发表了《人民文化水平低，就不能实行民选吗？》的文章进行了批评。这篇文章写道：

这是一个老问题：中国广大人民文化水准太低，致使有些人怀疑他们是否有运用选举权的能力；反对实行民主的人，更以此为借口，企图拖延民主的实行，并从而诬蔑解放区的民主选举。如去年12月26日的《和平日报》社论就可作为代表，那社论里说："……共产党拿'普选'和'不记名投票'来欺骗人民。谁不知道，中国人民百分之八十连自己的名字都写不出，他们既不能记自己的名，更不会记共产党所指派的那一群大小官吏的名了。这样的政府只能叫'魔术'政府，不能叫'民主政府'，共产党人却掩耳盗铃，硬说'魔术'就是'民主'，简直是对全国人民的一种侮辱。"这种说法，不仅诬蔑了解放区的人民，而且推论下去就必然得出这样的结论：中国人民还无法运用民主选举，还应该由他们继续"训政"下去。居心何在，不问可知。

假若将来中国人民个个都能识字了，实行选举时一定便利得多，这是很明白的。现在中国人民文盲太多，进行选举时非常麻烦，这也是事实。但是，无论如何，选举的能否进行和能否进行得好，主要关键在于人民有没有发表意见和反对他人意见的权利，在于人民能不能真正无拘无束地拥护某个人和反对某个人，至于选举的技术问题并不是无法解决的。解放区实行民主选举的经验便是明证。我们略举几个例子，看看解放区是怎样选举的吧：

首先要说明，候选人绝不是指派的，而是由人民提出的，在乡选中每一个选民都可以单独提出一个候选人。在县选中每十个选民可以联合提出一个候选人。选举的方法是分成两种：一种是识字的人，写选票；一种是不识字的人，则以投豆子代替写选票。这是很久以前就采用了的方法，在实践过程中又曾有过不断的改进和新的创造。过去的办法是由候选人坐在晒场上，每人背后摆一个罐或碗，因事不能到会的候选人仍然给他们空出位子，位子后摆上碗，每只碗上都贴着候选人的名字，选民每人按应选出的人数发豆子数粒，于是各人便把豆子投入自己所要选的那个人碗中。在投豆子之前，先由监选人向大家说明每只碗所代表的候选人……这种方法还有缺点，那就是当每个选民投豆子时，到会的人都可以看得见，实际上成了记名投票。后来就改变方法，把碗统统放到另外一个房子里，除监选人在选民万一记不清楚时从旁帮助说明外，其余的人一概不准在场。但这种方法仍有缺点，因为碗是仰着放的，哪个碗里已有的豆子多，哪个碗里已有的豆子少，都看得清楚，这样就可能使后来的投票者受先前投票者的影响，因而不自觉地失去了自主性。补救这个缺点的方法，就是用纸将每一只碗都盖起来，而让投票者从碗边把豆子投进去。最近陕甘宁边区的选举中又创造出一种新方法，在候选人数不多（乡的选举中候选人一般是不会太多的）的时候，依候选人的多少，发给选民几颗颜色不同的豆子，比如：黑豆代表张××；黄豆一颗，代表李××；玉米一颗，代表赵××。另外每个选民再发给小纸一张，如果想选谁，就把代表谁的豆子用纸包好，放在碗里，同时包几颗者作废。这种方法非常适合农村文盲的无记名投票，在某些地方实行起

故纸眉批

来结果很好。

以上只是略略举几种方法作为例证而已，此外也还有其他的方法。这些方法的创造证明了只要有实行民主的决心，人民的文化水平低与不识字都不会变成不可克服的障碍。那些信口诬蔑解放区选举，并企图以此来拖延民主选举之实施的谎言，完全没有事实根据，才真是"对全国人民的一种侮辱"哩。

这是一篇非常有力的文章，通过它，不仅彻底颠覆了训政之说，而且还让我们看到，早在半个多世纪之前，中国共产党和国民党之间的那场较量不仅仅是两种武装力量之间的较量，而且更是民主势力与专制势力之间的较量；共产党和国民党争夺的，不仅仅是地盘和政权，更有人心的向背。要求民主、追求自由是人永恒的天性，顺应这种天性的必然要赢得未来；以训政为由压制民主、限制言论和出版自由的，则注定要失去民心。代表民意者赢得胜利，失去民意者遭受失败。历史终于以蒋介石及南京国民党政权的彻底溃败证实了这个人们耳熟能详的逻辑。

六

但是，问题并没有结束。训政之说并没有因为国民党在中国大陆的溃败而彻底失去市场。时至今日，在推进社会主义民主政治的进程中，训政之说的幽灵依然存在。

在全国关注的"三农问题"上，很多人还持有与当年的蒋介石及南京国民党政府同样的观点，认为中国农民的文化素质太低，在中国农村还不能普选，不能对中国农民实行民主。针对这种论调，李昌平——这个既有过农村工作的实践经验又有着良知的人——在《我向总理说实话》一书中进行了针锋相对的批驳，他说："村民自治、海选村官在中国推行十多年了，看来已经走到了十字路口。我经常听到这样的声音：农民素质低，搞不好民主；农村家族势力太强大，搞不好民主；五元钱可以买一张选票，农民怎么能搞民主？……我的体会是农民要民主，民主与农民的素质没多大的关系……民主是一种需求，与素质无关；民主是解决问题的一个途径，与素质无关；民主是一种表达方式，与素质无关；民主是一个交易过程，与素质无关。民主需要学习，民主需要培养，民主需要公平，民主需要规则。一个大学教授曾对我说：农民素质太低，搞不好民主。另一个大学教授反驳说：大学里有什么民主，我们选得出自己的代表吗？不同素质的人群需要不同形式和程序的民主。农民会民主，农民有农民的民主，只要没有强权的地方，就自然长出民主。民主只与强权、专制有关。"

李昌平的这段文字写于21世纪初，距陈炯明和孙中山之间关于训政之说的争论已经隔着近80年的时光了。也就是说，在如此漫长岁月中，训政和宪政之间的思想博弈始终存在着，时隐时现。这除了证明中国社会的专制主义遗毒还有待进一步肃清、训政之说还需要进一步批判外，还能证明些什么呢？实践是检验真理的唯一标准，可是，那些已经被实践证明了是错误的思想，为什么还会有人在坚持？同样的错误需要犯多少遍才会被矫正？难道中国的历史就注定要经受几番轮回的苦痛？难道中国的民主进程就天然地要在"曲折中"缓慢前行？……这样的追问显然无法让人乐观。

训政，是一条歧路，通过它，永远无法抵达宪政的彼岸。但是，依然有人在这条路上走着。也许，他们并不知道这一点；也许他们早已知道这一点，可是他们不在乎，因为他们的目标本来就不是通向民主宪政的——他们想要的恰恰就是专制与独裁。

跌倒在变革的路上——清末新政的启示

清朝是中国最后一个封建王朝，它的终结方式跟别的朝代不一样。其他王朝多是被农民起义推翻的，而清朝不是。太平天国运动是晚清规模最大的农民起义，可是它并没有推翻清朝，相反，清朝在镇压了太平天国运动之后又延续了三十多年，最后被辛亥革命推翻；别的王朝被推翻后，新王朝取而代之，皇帝易姓，江山易主，中国历史会进入另一个轮回，而清朝被推翻后，封建帝制被彻底终结，民主共和的观念逐步深入人心。以上两条之外，清朝的解体还有一处更让人感慨的地方：与其他王朝末期的"僵化至死"不同，大清的政权分明是在变革的路上被抛弃的。在被推翻之前的十年间，这个政权也曾顺应时代潮流，宣布实行"新政"，推出种种改革举措。可是，就在改革之路走到中途的时候，这个政权竟然一下子被推翻了!这究竟是为什么？改革本是以自强为目标的，为什么最后竟敲响了政权解体的丧钟？主观期许和现实收获之间何以会有如此巨大的误差？……这些问题显然值得我们认真探究，深入思考。

一

清末新政显然是在内外交织的压力之下开始的。1898年，康有为、梁启超等人倡导戊戌变法，康梁的改革主张颇合光绪皇帝的心意，可是却遭到了慈禧太后的强烈反对，结果变法以谭嗣同等"戊戌六君子"喋血京城而告终。可是，形势比人强，1900年，八国联军侵略了北京，慈禧太后和光绪皇帝一起逃亡西安。在强烈的刺激之下，大清的高级官员认识到，大清帝国若要强大，就必须进行改革。不改革就不能自强，不自强就无以抵御外辱。所以，京城和地方的高级官员在1900年底纷纷上书，陈述他们对行政、军事、教育、财政等各方面的改革意见。1901年1月29日，慈禧太后以光绪皇帝的名义下诏变法，声称三纲五常虽为万世不易之理，但政府的统治方法则应顺应时代潮流，进行必要的改革。由此，为期十年的清末新政揭开了序幕。

清末新政的改革内容十分广泛，涉及了政治、经济、教育、军事、法律等各个方面，我们不妨做一下简略回顾——

在教育方面，清朝于1901年废除了八股文，于1904年制定了一套模仿日本的学堂管理规章，最后于1905年废除了在中国实行了1300多年的科举制度。与此同时，清朝还鼓励创办新式学堂，派遣中国学生出国留学。

政治上，清朝开始进行立宪的准备工作，于1905年派遣以载泽为首的五位大臣出洋，到日本、英国、美国、德国和法国考察立宪政治。1908年，清朝宣布实行宪政的计划，声明将在1916年颁布宪法，举行第一次国会选举。同时还发布了"宪法大纲"，这个"宪法大纲"是以明治维新时期的日本宪法为范本的。1911年，清朝成立了一个所谓的"责任内阁"，这就是后来遭人诟病的"皇族内阁"。

在军事上，清朝开始改革兵制，着手训练新军。新军被编为36镇，每镇12500人。为了培养军事人才，清朝决定在全国各地建立武备学堂，同时还派人到日本士官学校学习军事。

在法律方面，清廷设立专门机构，由法学家沈家本主持，检查《大清刑律》，废除了剐刑、枭首、文面等酷刑。此外，还完成了《钦定大清商律》《奖励公司章程》《破产律》等法律，对近代经济的发展起到了推动作用。

此外，清末改革还带动了民间结社、办报等新社会现象的出现。知识分子参政、议政的渠道得以拓展，咨议局、资政院、自治会等反映民意的机构开始出现，政府和民众互动的格局初步形成。

总而言之，为期十年的清末新政确实在很多方面取得了一定的成效，甚至还可以说，新政已经为原本奄奄一息的大清增加了几分活力。可是，这场改革从一开始就存在着致命的体制缺欠，所以，它非但不能挽救大清帝国覆亡的命运，反而在一定程度上加速了大清政权的崩溃。这一点，着实耐人寻味，有必要做仔细的分析。

二

概括地说，清末新政是一场自上而下的改革。清朝最初的想法是：

通过实行新政，一步一步地达到富国强兵的目的，这样，不仅可以抵御外辱，而且还能加强清廷贵族的威权统治。这个构想当然是不错的，可是，世事难料，设想和现实效果之间往往会出现巨大的反差。清末新政正是这样。

在人心思变的时代，清廷有能力发动一场社会改革事业，但是，这个日薄西山的王朝已经没有能力控制这场改革了。换一句话说，清末新政最初虽然是朝廷发动起来的，可它后来的发展轨迹却超出了朝廷的设想。这一点看似难于理解，其实并不复杂。一场整体性的社会变革，它本身往往是有发展规律的，而这种规律并不以发动者的主观期望为转移。

以新政中派遣留学生一事为例。在新政时期，清廷一面在国内创办新式学堂，一面派遣大批学生出国留学。在派遣的留学生中，去日本留学的人数最多。据记载，光绪二十七年（1901年），清朝派往日本的留学生仅280人，到了光绪三十一年（1905年），留日学生就已经达到了8000人。为什么要大规模地派学生去日本而不是别国？对此，张之洞的论述很有代表性："至游学之国，西洋不如东洋：一路近省费，可多遣；一去华近易考察；一东文近于中文，易通晓；一西书甚繁，凡西学不切要考，东人已删节而酌改之，中、东情势风俗相近，易仿行，事半功倍，无过于此。若自欲求精求备，再赴西洋，有何不可？"应该说，张之洞的主张既表达了中国人要学习西方先进文化的迫切心情，又考虑到了派遣学生留学日本的诸多具体方便——"同文、同种、省费"。对最初派遣的留学生，张之洞给他们的临别赠言是："将来学成归国，代国家效力，戴红顶，做大官，可操券而获！生等其勉之！"由此可见，清朝对留学生是抱有厚望的——期待着他们学成归来，"戴红顶，做大官"，做大清王朝合格的管理人才。

可是，事情的发展根本就没按照以张之洞为代表的朝廷大员们的设想进行。中国学生到了日本之后，眼界大开，很快就接受了新的思想洗礼。同时，对照日本，他们愈加发现祖国的落后，产生了强烈的改造国家的愿望。他们翻译书籍，创办杂志，用学到的先进思想启蒙国民。可是，大清朝缺乏足够的胸襟，它不愿意看到留日学生鼓吹"宪政、民主"等新思想，对留日学生进行严密的监控、防范和镇压。这些做法不但没有收到预期的效果（留学生在国外，控制起来毕竟不如在国内方便），反而激化了留日学生与清廷之间的矛盾，促使留日学生几乎一致地倾向了革命，成了后来推翻清朝的重要力量。

更关键的是，留学生的新思想在国内得到了响应。1905年4月，湖南籍留学生黄尊三等一行60人抵达武昌，他们要在这里拜别张之洞，然后启程赴日留学。作为地方大员，张之洞要求学生们对他行跪拜之礼。这一要求遭到了学生们的拒绝。张之洞感到"很没面子"，就下令对留学生"不放行"，试图以此收到压服之效。期间，湖南巡抚端方与张之洞反复磋商，端方致电威胁学生：如敢对张之洞不敬，将取消其留学资格。学生们异常愤慨，表示宁肯不去留学，也不能牺牲人格尊严。双方僵持，致使学生在武昌滞留了十天之久。后经多方斡旋，双方接受了鞠躬之礼。接见之后，张之洞虽然以西餐宴请学生，但大家并不领情。针对此事，黄尊三在留学日记中写道："中国大官，只顾一己虚荣，不知尊重他人人格，实属可鄙。以自命好士之张香涛，尚不免此辱人之行，他更无论，思至此又未免可慨。" 这批学生日后不但没有回国"戴红顶，做大官"，反而加入了同盟会，成了"革命党"，回国后干的正是推翻大清王朝的伟大事业。

张之洞与晚清留学生之间的互动关系非常耐人寻味。张之洞是促成中国学生去日本留学的一位重要的大员，按张之洞的理解，留日学生对他这位老前辈心存感激那是天经地义的事。以张之洞为代表的清朝官员的心态是：希望"学"成为"官"的传声筒和应声虫，成为没有头脑、不会独立思考、只会喊"喳"和"万岁"的奴才。可是，晚清的留日学生不这么想，在他们眼里，人格尊严比什么都重要。高贵的头颅和独立的思考是"学人"的安身立命之本，舍此，学者便不再是学者，只能是奴才！奴才靠跪拜"主子"而获得赏赐，而学者靠独立的思考和丰厚的学养赢得人们的尊重，这是有着本质的差别的。清廷希望通过新式教育培养出有着高超本领的忠臣孝子，可实际上，新式教育培养出来的人绝大部分成了清廷的"贰臣逆子"。

军事改革也引发了与教育相似的效应。经过甲午战败和八国联军侵略北京两件大事的刺激，清廷已经清醒地认识到组建新式军队的重要性。由此，朝廷命令各省改革兵制，取消旧式"武举"，创建新式的武备学堂，组建拥有西方武器装备和受过西式军事训练的军队。这个想法本身是不错的，可是对清朝来说却隐藏着致命的危机。要训练新军，新式军官就必须有相当的学识（这才能保证他们使用现代化的武器装备，接受先进的军事思想），为此，清廷派遣一批人到日本学军事，可是，这批人在日本学军事的同时也接受了先进的思想，不再"忠君"了。结果，当辛亥革命发生时，原来属于清朝的新军大部分倒戈，站到了革命的一边。从这个意义上讲，清末新政也可算为自己培养了"掘墓人"。

三

清末新政之所以失控、为大清王朝培养"掘墓人",其根本原因就在于专制体制的弊端。晚清的统治阶层在总体上是没落的清廷皇族及腐败的官僚利益集团,这些人是专制政体的既得利益者。迫于内外的压力,他们不得不发动清末新政,试图通过改革来缓和社会矛盾,借增强国家实力之机来加强自己的威权,扩张自己的势力。所以,这些人发动改革的主要目的并不是为了"富国强兵",使中华民族崛起于世界的东方,而是为了保住大清王朝,保住甚至扩大皇族和封建官僚集团的权势。正因如此,清末新政从启动的那一天开始就充满了矛盾,使得很多好的改革举措无法实施。 比如,清末新政废除了科举考试,提倡举办新式教育,这本来是一件好事。可是, 1904年颁布的《奏定学堂章程》依然要求培养"忠君""尊崇孔教,爱戴大清"的"子民",忠君教育始终是清廷不肯放弃的一条底线。

再比如,资政院和咨议局的创设本是为了广开言路,为宪政做准备工作,可是,清廷却愈加严格地控制人们的言论。当清朝宣布接受立宪思想的时候,作为响应,中国的知识界要求召开国会。梁启超还在日本东京组织政闻社,促进宪政运动。按说,这是一种正常的互动,但清廷却对此十分害怕,警告人们不要议论政治,"绅商不得干预立宪",甚至要求人们不得公开发表演说,同时指出,主权仍然属于皇帝,决策权仍然在朝廷。冠冕堂皇的说法是"庶政公诸舆论,而实行庶政,裁决舆论,仍自朝廷主之"。由此可见,尽管是在改革时代,专制政体依然惧怕民意，惧怕舆论。而所谓的"公诸舆论"，不过是装装样子罢了，一旦人们真的行使"参政议政"的权利，专制政府就会立即露出真实的丑恶嘴脸，打压言论自由。

在立宪这个问题上不尊重民意，剩下的一条路就是既得利益集团闷着头自己搞。殊不知，没有舆论的推动，统治阶级内部的政体改革就缺少了必要的压力，所以就动作缓慢，1905年，派大臣出洋考察立宪政治，结果到了1911年才成立一个所谓的"责任内阁"，而这个内阁便是臭名昭著的"皇族内阁"，它的13名内阁成员中，汉人只有4名，满人却有8名，而这8名满人中，皇族又有5人。也就是说，这个内阁成员绝大部分是满人，而满人中又以皇族为主。至此，清廷进行政治体制改革的本意暴露无遗：他们根本无意实行君主立宪，不过是在借"立宪"之名集权于皇族。政治体制改革的精髓就是"分权"，可是，清末新政中的政治改革非但不"分权"，反而借改革之名行集权之实。这样的改革，怎能不遭唾弃？不改革不行，改革得太慢也不行，打着改革的旗号骗人更不行。腐朽的晚清皇族可能至死都不明白这个浅显的道理，深刻理解这番道理的任务就落到了今人的身上。

清廷不仅在政治上和思想上挤压人们参与改革的空间，而且还在经济上剥夺民众分享改革成果的权利。改革需要大量的资金，可是，清廷在宣布实行新政时并没有足够的启动资金。它筹集资金的办法就是榨取——以强制捐献和额外税收等名目榨取公众的钱物。这样，改革的"阵痛"大部分由老百姓承担了。许多百姓因此流离失所，成了游民，这些游民最后成了辛亥革命的一支重要力量。最能说明这个问题的要数保路运动。1911年5月，清廷以"铁路国有"为名，将已归民间所有的川汉、粤汉铁路筑路权收归"国有"，然后又出卖给英、法、德、美四国银行团。此种公然侵害民众权益之事自然激起了人民的强烈反抗，于是四川、湖南、湖北、广东等省掀起了轰轰烈烈的保路运动。运动在四川省尤其激烈，四川省咨议局议长蒲殿俊在与清廷交涉无果的情况下，领导成立了保路同志会，团结广大民众，对清廷施加压力。他们巧妙地把经济目的和政治权利联系在一起，要求清廷遵守当初的许诺。在1901年的新政诏书中，光绪皇帝明确表示"铁路准归商办"，可是现在，清廷竟然又说铁路必须"国有"了，这等于剥夺了民间资本投资铁路的权利。当年的新政诏书还宣称"庶政公诸舆论"，可现在，民众的舆论明明要求清廷收回不合理的命令，可清廷就是不接受。保路同志会在成都设祭坛，焚香祭奠光绪皇帝，以此来给清廷施加政治和道德压力。可是，清廷依然置民众的合理要求于不顾，拒绝与保路同志会协商解决。清廷的粗暴做法导致冲突升级，保路同志会于9月1日作出了抗税的决定，而清廷则下令镇压保路运动。9月7日，四川总督赵尔丰逮捕了蒲殿俊等9名保路同志会会员，还枪杀了数百名请愿群众。第二天又下令解散各处保路同志会。这激起了人民更大的愤怒，同盟会的龙鸣剑、王天杰等人借机掀起了武装暴动，四川局势由此不可收拾，这时清廷才答应给铁路投资者以足额赔偿，但为时已晚。起义活动四处蔓延，当局根本无法控制。清廷只能从湖北调军队前往四川镇压起义，结果恰在此时，湖北又爆发了武昌起义，大清朝由此轰然坍塌。

不许民众参与改革过程，不愿意让民众分享改革成果，改革最终就会成为既得利益集团的一场分赃。清末新政就是对这一点的最好诠释。实际上，无论是训练新兵还是创办工矿企业，无论是修建铁路还是铸造钱币，参与清末新政的官员全都中饱私囊，借机腐败。在新政时期，清廷的高级官僚和商人联合，创办了一批新式资本主义企业。可是，官员插手企业的结果是，搞得中国的企业产权混乱，官商不分，腐败丛生。对此，《剑桥中国晚清史》一书作了精彩的分析："中国官僚是从来不把国家利益和个人利益分得一清二楚的，他们的态度多半取决于这项事业经营的结果。如果经营失败，他们就把自己的失败转嫁给其他股东，而不是自己去偿还贷款；如果有红利可分（在1900~1911年间经常分红），官僚们总是认为他们投了资，利润都应归自己。最后，甚至在经营方面，由于官僚们越来越多地亲自插手而不是托给商人管理，官方企业就更像私人企业了。"

当然，从物质层面上看，新政也取得了一定的成就，吸引很多有作为的汉族大员——如张之洞、袁世凯等——参与其中，似乎给晚清带来一些起死回生的迹象。但我们必须明白，他们之所以热心于新政，并不是因为他们热爱清朝，忠于皇帝，而是因为他们要保住并扩张自己的权势。他们深知，如果没有清朝，他们的权力会化为乌有。他们甚至也知道，大清早已千疮百孔，即便实行新政，也拖延不了太多的时日。他们所要做的，并不是挽救大清（大清已经不值得挽救），也不是拯救百姓苍生（他们没有这么高尚的情怀），而仅仅是趁着大清完蛋之前大捞一把，尽可能地为自己日后的发展积累资本。终于，辛亥革命来了，像袁世凯这样的清廷大员，他所做的不是设法挽救大清，更不是为大清殉国，而是促使这个王朝尽快解体，并以此作为自己日后发达的跳板。

由此可见，一项新政也罢，一场改革也罢，如果只从"朝廷"（政府）的本位出发，而不是从"民众"的本位出发，只把"民众"当作改革阵痛的承担者，把广大百姓当做"招之即来，挥之即去"的背景音乐和陪衬道具，那么，这样的改革即便规模再大，也难逃失败的命运。

四

平心而论，与1898年杀害"戊戌六君子"的屠刀相比，1901年宣布实行改革的新政诏书显然可以给人们乐观的期待。事实上，清末新政所实施的改革举措，在很大程度上继承了康梁维新变法的衣钵，表明大清王朝正试图将中国引向现代化的道路。可是，恰恰在变革的过程中，大清帝国轰然坍塌。清末的这段历史很容易让人想起法国历史学家托克维尔的一段论述，他在《论旧制度和大革命》一书中写道：

革命的发生并非总因为人们的处境越来越坏。最经常的情况是，一向毫无怨言仿佛若无其事地忍受着最难以忍受的法律的人民，一旦法律的压力减轻，他们就将它猛力抛弃。被革命摧毁的政权几乎总是比它前面的那个政权更好。经验告诉我们，对于一个坏政府来说，最危险的时刻通常就是它开始改革的时刻……人们耐心忍受着苦难，以为这是不可避免的，但一旦有人出主意想消除苦难时，它就变得无法忍受了。当时，被消除的所有流弊似乎更容易使人觉察到尚有其他流弊存在，于是人们的情绪便更激烈：痛苦已经减轻，但是感觉却更加敏锐。封建制度在盛期并不比行将灭亡时更激起法国人心中的仇恨。路易十六最轻微的专横举动似乎都比路易十四整个专制制度更难以忍受，博马舍的短期监禁比路易十四时期龙骑兵对新教的迫害在巴黎引起更大的民情激愤。

我觉得，这段话不仅可以解释路易十六时代的法国，而且还可以移到中国，为我们更深入地解读清末新政的失败提供很好的理论视角。"对于一个坏政府来说，最危险的时刻通常就是它开始改革的时刻。"腐败的晚清是一个坏政府，而它又恰恰跌倒在变革的路上。可见，历史往往会用不同国度的史实来揭示相同的规律，而这些规律，又足以给人以超越时空的联想和启迪。

民粹主义的悲剧之路

一

没有人能否认，中俄两个东方大国之间存在着千丝万缕的联系，这种联系不仅包括山水相连的漫长国界线，还包括思想文化上的巨大影响和渗透。 最明显的例证便是："十月革命一声炮响，为中国送来了马克思主义。"其实，何止是马克思主义，在"以俄为师"的岁月里，俄国的虚无主义、无政府主义和民粹主义都曾吸引过中国人关切的目光。其中，民粹主义对中国知识分子的思想性格和悲剧命运有着逻辑上的致命影响。

俄国的民粹主义(Populism)萌芽于19世纪50年代，兴盛于70年代。当时，沙皇俄国已经腐朽不堪，俄国知识分子开始为自己的国家寻找出路。在这个问题上，西方派和斯拉夫派有着不同的看法。西方派认为，俄罗斯应该走西欧的发展道路。而以赫尔岑、别林斯基为代表的斯拉夫派则认为，俄国有"自己特殊的国情"，完全不必走西欧资本主义的道路。俄罗斯只要能公平地分配土地，就能在村社的基础上建成社会主义。民粹主义知识分子继承了赫尔岑、别林斯基等人的"农民革命"理论，并试图把这些思想落实到实践行动之中。他们认为，只有俄罗斯可以，也应该给予人类新的文化内涵，给世界带来正确性的创造。为此，斯拉夫派强调俄罗斯民众的力量，把民众作为所有政治运动和政治制度合法性的最终来源，并主张依靠平民大众对社会进行改革，由此形成了民粹主义基本的价值观。

对此，俄罗斯思想家别尔嘉也夫说："民粹主义是俄罗斯的特殊现象……斯拉夫主义者、赫尔岑、陀思妥耶夫斯基和70年代的革命者都是民粹主义者。把人民看做真理的支柱，这种信念一直是民粹主义的基础。""全部的俄国民粹主义都起源于怜悯与同情。在70年代，忏悔的贵族放弃了自己的特权，走到人民中间，为他们服务，并与他们会合在一起。""民粹派知识分子深入到人民中去，是为了和他们打成一片，教育他们，改善他们的经济地位。"可以说，民粹主义在初期是带有启蒙色彩的，他们走到民众（主要是农民）中间，是出于"怜悯与同情"，是为了"教育他们，改善他们的经济地位"。

但是，在走向民间的过程中，民粹主义知识分子把俄国的农业村社组织和农民大众理想化，同时，出于一种原罪意识，他们贬低自身、贬低文化，带有强烈的忏悔心态。原罪意识本身是一种反省能力，是一种高尚人格的体现，这不但没有过错，而且还有积极的社会意义。但是，这种忏悔和自责必须要有一个人格和精神独立的限度，超越了这个限度，就会走向负面。把广大民众理想化，认为大众代表着一种高尚的道德，这本身就带有空想色彩。以想象判断代替事实判断，这显然是错误的。民粹主义知识分子在他们的宣传提纲中说："革命者应当彻底放下他们的贵族架子，永远变成一个农民、一个工厂工人……"他们甚至还极端地说："如果有人提出同民众结合的要求，那么任何一个不穿粗呢外衣的人都会被认为是坏蛋。"深受民粹主义影响的文学家托尔斯泰说："如果资产者和贵族希望得救，那就让他们变成农民吧，因为唯有这样才有真正的意义；正义在于农民不剥削任何人，不危害任何人的生命，他们亲手给自己盖房屋、亲手做鞋子、亲手缝衣服、亲手养活自己。"巴枯宁在《告俄国青年兄弟的几句话》中说："不要在科学上煞费苦心了，人们想以科学的名义把你们束缚起来，使你们失去力量。同这个世界相联系、作为这个世界的表现的科学，注定要灭亡。"克鲁泡特金说："我们否认社会的最有益的进步运动是通过那些受教育比社会中其他人多得多的少数人的发展来完成的，我们绝不希望用社会的经费来培养这少数人；因此，我们既不需要大学也不需要学院，因为大学和学院都是用社会经费来维持的，除非社会每个成员无一例外地都能进入大学和学院……"

民粹主义更致命的误区在于，在极力自我贬低和极力美化大众的情况下，知识分子根本无法担负起启蒙大众、教育农民、批判社会的人文使命。在当时的俄国，民粹主义知识分子明明是思想先知，他们不缺乏知识，也不缺乏可贵的献身精神，可是他们却一直没有教育农民大众的道德底气，没有那种传播知识、启蒙民众所需要的舍我其谁的勇气和气概。

二

为什么底气不足、缺乏勇气和气概？原因就是这些知识分子的"出身"有问题。在当时，俄罗斯知识分子绝大多数都出身于贵族，贵族和农民大众分属两个阶级，前者剥削后者。可以说，一些贵族子弟之所以能成为知识分子，在很大的程度上也是建立在对农民大众进行剥削的基础之上的。这就使得良心发现的民粹主义知识分子愈加有了"原罪意识"，他们认为，自己的贵族出身是一种"罪"，以贵族的特权获取知识也是一种"罪"，最后，甚至知识本身也成了一种"罪"——至少是一种有罪的证明。所以，他们要贬低自身、贬低文化，以便尽快彻底地走向民众，以实现"救赎"。别尔嘉也夫评论民粹主义知识分子时说："如果我（指民粹主义者）是一个贵族、商人、学者、作家、工程师、医生，我就不能感到自己是'人民'的一部分，我只能把人民看做一支神秘的异己力量。他们是更高的真理承担者，我必须跪在他们面前。"这样的评论确实说透了民粹主义知识分子的软弱性格。

由"出身"不好造成了底气不足，由底气不足造成了性格软弱，性格软弱就注定要寻找依附力量。民粹主义者依靠的对象自然就是农民大众，他们极力地讴歌劳苦大众，一方面是在弥补"罪过"，一方面也是在寻找未来的依靠。他们认为，罪恶的沙皇统治注定要终结，腐朽的贵族必将没落，只有农民大众才是未来俄罗斯的主人，他们要使自己迅速地融入到人民之中。为此，他们不惜放弃贵族身份，放弃优雅、舒服甚至是奢华的贵族生活，甚至不惜献出自己的财产和生命。他们的这种奉献精神是真诚的，可贵的，他们要融入民众之中、成为"人民"一员的心态也是可以理解的。问题是，当献身到了失去自我的时候，所谓的人民往往也就成了一个抽象的概念。用放弃个人权利和尊严的方式去换取"人民"的接纳，以实现身份的转换，这显然是一条歧路。

民粹主义者讴歌"人民"，崇拜"人民"，但他们讴歌和崇拜的是作为一个抽象概念的"人民"，对组成"人民"的一个个具体的"人"，他们却持一种极为蔑视的态度；他们反对权威，却容不得不同意见，甚至容不得"旁观者"。民粹主义者当年有句名言："谁不和我们在一起，谁就是反对我们；谁反对我们，谁就是我们的敌人；而对敌人就应该用一切手段加以消灭。"

对于民粹主义的危险性，当年的俄罗斯知识分子是有所察觉的。19世纪70年代，俄罗斯左派知识分子的精神领袖米哈伊洛夫斯基就拒绝以人民和社会正义来争取自由。他写道："对于'一般的人'来说，对于品尝了一般人类之树的果实，从而能够识别善恶的人来说，没有什么比政治自由、良心自由、言论自由、出版自由、思想交流自由等更为诱人的了。当然，我们是期望这些自由的。"米哈伊洛夫斯基没有崇拜人民的心理，他是知识分子的代表，他认为自己有义务为"人民的利益"工作，但没有义务听取"人民"的意见。他完全没有努力使自己平民化。他把荣誉的工作和良心的工作加以区分，前者是劳动人民所从事的，应发扬光大；后者应当是享受特权的、受过教育的阶级所特有的。良心的工作是对社会罪恶的忏悔。可惜的是，米哈伊洛夫斯基的声音当时没有引起人们足够的注意。

从19世纪70年代起，民粹派发起了声势浩大的"到民间去"运动，热情的知识分子深入俄国各地农村，试图以通俗的语言鼓动农民革命。但是，民粹主义者忘我的牺牲精神和革命苦难气概并没有唤起他们认为"天生就是社会主义者"的农民的响应，广大农民不理解他们，甚至视他们为国家的敌人。"到民间去"的运动失败后，一些知识分子慷慨激昂地走上了无政府主义和恐怖主义的道路。具有极端革命色彩的"土地和自由社""民意党"成立了，民粹主义者策划了一次次暗杀沙皇及其大臣的行动。民粹主义乌托邦式的政治理想、试图"毕其功于一役"的想法、极端个人英雄主义的斗争方式使他们愈加脱离人民。民粹主义者在理论上的错误导致了实践上的失败，追随他们的无数青年无谓地死在沙皇的屠刀下，其中就包括列宁的哥哥。至19世纪80年代，轰轰烈烈的民粹主义运动在俄国以失败而告终。

三

"十月革命一声炮响，给中国送来了马克思主义。"马克思主义从俄国传入中国后，一些中国共产党人没有清楚地注意到共产主义学说与民粹主义思想之间的差异。他们常常将共产主义与民粹主义糅在一起，对共产主义作出了具有民粹主义色彩的解释。李大钊早期的社会主义思想就具有鲜明的民粹主义倾向。他所倾心的俄罗斯革命思想，是一个由社会主义、人道主义、互助主义和民粹主义所构成的思想世界。《青年与农村》是李大钊民粹主义思想的代表作，文中写道：

> 我们青年应该到农村去，拿出当年俄罗斯青年在俄罗斯农村宣传运动的精神，来做些开发农村的事，是万不容缓的。我们中国是一个农国，大多数的劳工阶级就是那些农民。他们若是不解放，就是我们国民全体不解放；他们的苦痛，就是我们国民全体的苦痛；他们的愚暗，就是我们国民全体的愚暗；他们生活的利病，就是我们政治全体的利病。
>
> ……
>
> 在都市里漂泊的青年朋友们啊！你们要晓得：都市上有许多罪恶，乡村里有许多幸福；都市的生活黑暗一方面多，乡村的社会光明一方面多；都市上的生活几乎是鬼的生活，乡村中的活动，全是人的活动；都市的空气污浊，乡村的空气清洁。你们为何不赶紧收拾行装，清还旅债，归还你们的乡土？
>
> ……
>
> 青年啊，走向农村去吧！日出而作，日入而息，耕田而食，凿井而饮。那些终年在田里工作的父老妇孺，都是你们的同心伴侣，那炊烟锄影鸡犬相闻的境界，才是你们安身立命的地方啊！"

青年毛泽东也曾经热烈向往过"半工半读"的生活，他在给蔡和森的信中曾说："现觉专用脑力的工作很苦，想学一宗用体力的工作，如打袜子、制面包之类。"他曾经利用假期时间步行考察过农村。投身革命以后，他在《湖南农民运动考察报告》中就热情讴歌了那些革命的"痞子"，认为"他们最听共产党的领导"，是"打倒封建势力的先锋，成就那多年未曾成就的革命大业的元勋"。"他们的革命大方向始终没有错。" 1939年五四运动20周年前夕，毛泽东发表了《五四运动》的纪念文章，指出："在中国的民主革命运动中，知识分子是首先觉悟的成分。""然而知识分子如果不和工农民众相结合，则将一事无成。革命的或不革命的或反革命的知识分子的最后的分界，看其是否愿意并且实行和工农民众相结合。"后来他又多次阐明了这一观点。《在延安文艺座谈会上的讲话》中，毛泽东更是以经典化的语言，完成了对这个问题的最后阐述："拿未曾改造的知识分子和工人农民相比较，就觉得知识分子不干净了，最干净的还是工人农民，尽管他们手是黑的，脚上有牛屎，还是比资产阶级和小资产阶级知识分子都干净。这就叫思想感情起了变化，从一个阶级到另一个阶级。我们知识分子出身的文艺工作者，要使自己的作品为群众所欢迎，就得把自己的思想感情来一个变化，来一番改造。"

中国知识分子由最初的思想启蒙者变成了"得把自己的思想感情来一个变化，来一番改造思想"的人，当年是知识分子领导工农干革命，现在则要求知识分子"工农化"，因为"卑贱者最聪明，高贵者最愚蠢"。

既然要知识分子向工农兵学习，知识分子原有的那些非工农兵的气质——包括优雅的举止、多愁善感的性格、丰富多彩的个性、细腻精致的审美情趣——就都显得与时代格格不入了。工农兵哪能这么"小资"，工农兵怎么能向"小资"学习？剩下的，就只有知识分子向劳苦大众靠拢了。于是，简单、通俗、朴素、粗犷直至粗糙、粗鄙成了"时尚"，"我是个大老粗"反倒成了一个炫耀语。至此，民粹主义者抬高民众的目的终于达到了，只是，民众的素质并没有真的提高——他们看上去很高，是因为知识分子在跪着。

知识分子跪倒了，他们日后的一切悲剧命运也就顺理成章地发生了。跪倒的人所能做的事只有两件：歌颂与忏悔。因为不是工农兵，他们需要忏悔，为此，他们逆来顺受，甘做革命的"驯服工具"，老老实实地进行思想改造以加强自身修养，可是他们还是中了"阳谋"，成了"右派"，先是走进五七干校，接着是在"文革"中成了"臭老九"，被戴高帽，被揪斗，被游街。至此，民粹主义在"反智"的道路上走到了极致。知识分子成了罪人，知识本身成了一种罪过——"知识越多越反动"嘛！

四

民粹主义从19世纪50年代在俄国萌芽，到20世纪60年代在中国的极端化实践，其间经历过若干阶段，发生过若干悲剧性转换。分析民粹主义的几个发展阶段及相应的悲剧性转换，对今天的知识分子仍有警示意义。概括地讲，民粹主义在一百多年间，在中俄广袤的地域上，经历过以下几个发展阶段，完成了以下几个悲剧性转换——

其一，从心灵忏悔到"走向民间"阶段。俄罗斯的贵族知识分子"起源于怜悯和同情"，开始关注广大的穷苦农民，并进而良心发现，有了原罪意识，这本来是知识分子的一种高尚的情操，是非常可贵的。但是，当他们急切地付出行动，"走向民间"时，性质就发生了变化。这时，民粹主义者思想上的自我反省转换成了行动上的"革命运动"，这就混淆了思想彼岸与现实此岸之间的界限。对知识分子而言，思想和行动之间的界限在很多时候是不可混淆的。对此，钱理群教授有过精辟的论述。他说："人文学者必须小心地划清'此岸'与'彼岸'的界限，清醒地认识自己思想的彼岸性，即永远是可望而不可及的理想，认清思想的合理性并不就是现实的合理性，而绝不越位将彼岸理想现实（此岸）化。这自然不是说可以脱离（不关心）此岸现实，他的超越性关怀必须建立在现实关怀的基础上，而他的作用也是通过对现实进行的批判而实现的。……他的基本任务就是，不断揭示现实人生、社会现存思想、文化的困境，以打破有关此岸世界的一切神话，绝不能越位变成直接的现实行动。"理想是美好的，知识分子的理想尤其美好，但是，如果思想者不顾现实条件，不惜以极端的方式使自己的理想现实化，就会陷入乌托邦与暴力革命相结合的危险境地。在19世纪的俄国，民粹主义者就是这样，他们认为，只要能推翻沙皇，公平地分配土地，就能在村社的基础上建成社会主义。为了实现这个乌托邦，他们不惜采用暴力手段，策划暗杀行为，不能清晰地区分理想彼岸与现实此岸之间的界限，犯了盲动主义的错误，当然就不可避免地陷入了悲剧性的泥潭。英国的思想家保罗·约翰逊说："警惕人文学者，尤其要警惕带有权力倾向的雅各宾式的人文学者。一旦他们和极端权力、极权主义相结合，他们就可能把他们的胡思乱想作为终极真理强加于人。那时，他们不是引导人走上迷途，而是强迫人走上'正路'。"反观20世纪人类的重大灾难，无论是德国的纳粹主义还是日本军国主义，无不是在一个美丽乌托邦的旗帜下，以信仰和"为了理想"的名义去杀人，去制造灾难。这方面的教训实在是太深刻了，我们必须汲取。

其二，从知识分子的个人反省到政党的政策性阐述阶段。民粹主义从俄国传到中国，最初仅限于知识分子个人反省、忏悔这个层面上，五四时期，鲁迅先生《一件小事》中的道德反省就是一例。在这个阶段，知识分子的原罪意识是自愿自发的，是真诚的也是朦胧的，一方面，他们看到了劳苦大众道德高尚，知识分子在皮袍下面有自己的"小"，应该向大众学习；可是另一方面，他们也看到了劳苦大众愚昧、麻木的一面，这又要求知识分子要负起对大众进行思想启蒙的任务。这两者原本是结合在一起的，以文学形象而论，民众道德高尚的一面体现在《一件小事》中车夫的身上，而民众愚昧、麻木的一面则体现在阿Q的身上。可是到了后来，由于政党力量的介入，民粹主义以文化政策的方式被确定，这时，知识分子与劳苦大众之间的关系变得无比清晰——知识分子必须仰望大众，口气不容置疑，没有任何的回旋余地。这其实是没有分清个人权利与政权需求之间的严格界限，政权需求已经严重越界，侵犯了私人的精神空间，尤其是知识分子思想自由的神圣权利。至此，"人的忏悔"转换成了"忏悔的人"，词序的颠倒意味着知识分子独立人格和自主精神空间的彻底丧失，在"人的忏悔"阶段，知识分子是以一个站立者的姿态在审视、反思，他们的头颅是高昂的，脊梁是挺直的，虽然他们的判断不够清晰，但人格和精神都是独立的，自主的；可在"忏悔的人"阶段，知识分子是跪倒在劳苦大众脚下的，他们的头颅不得不低下，脊梁不得不弯曲，此时的他们是不能自主的，他们只能以跪倒的姿态忏悔自身的罪孽，同

故
纸
眉
批

39

时讴歌"人民"的伟大。

其三，在政权结构内，民粹主义也经过一个从策略性表述到原则性规定的发展阶段。中国共产党早期的领导人几乎全是知识分子，可以说，中国的共产主义运动最先是由知识分子发起的。可是，要把革命进行到底，就必须要依靠劳苦大众，特别是广大工人和农民的支持。为此，知识分子就得"走向民间"，向民众宣传革命。在发动民众的初期，主要是知识分子影响大众，如果没有知识分子的宣传，中国的劳苦大众哪里会懂得"无产阶级革命""布尔什维克"之类的政治术语。然而，为了消除劳苦大众与共产党组织之间的隔阂，知识分子不得不放下"身段"，在宣传上强调"劳工神圣"，强调劳动人民"最崇高""最可爱""最具有革命性"。这些说法在当时是，一种策略，可是，随着革命队伍的壮大，劳苦大众出身的人在革命队伍中的比例越来越大，劳苦大众成了革命的主体力量，知识分子成了点缀。与之相对应，民众的思维方式、接受水平、审美情趣甚至是生活方式——民众话语——成了革命的主流语言，而知识分子话语则日益边缘化。至此，最初的策略性表述被固定下来，成了政党的原则性规定。在这个过程中，革命知识分子使用的手段也随之转换成了革命的目的。

策略转化成了原则，手段转化成了目的，乍一看有点不可思议，许多人在读书之初是要立志做学问的，可在学习的过程中不断地考试，考来考去，学习的目的也就逐渐变成是为了考试，为了拿学位，为了评职称。对今天的知识分子来说，学位、职称、学衔不但是一种诱惑，有时分明就是一个个的门槛。跨越一个个的门槛成了治学的必经阶段，这无可厚非。但是我们一定要警惕，不要让自己的目标在手段处止步，也不要让自己的人生原则在现实的策略性应对中迷失了方向。

让我们再回到民粹主义的话题。民粹主义之所以在不同的发展阶段、在俄中两国都发生了悲剧性的转换，原因固然是多方面的，但最根本的原因还在于知识分子独立性的丧失。对人文知识分子来说，精神独立和人格独立既是他们最宝贵的人生品格，也是他们安身立命的根本。知识分子的独立思考、自主判断和自由言说是他们对社会最重要的贡献。有了这些，他们足可以挺直脊梁，高昂头颅，无愧天地，根本用不着自责，更用不着靠抬高别人、贬低自己来"赎罪"；可是，如果丧失了这种独立性，他们即使低头忏悔，即使受苦受难，也无法拯救自己——悲剧在丧失独立性的那一刻就已注定。这，或许就是民粹主义悲剧之路给我们的最重要的警示。

身段柔软的自由
——读钱满素《美国自由主义的历史变迁》

最近几年，谈论自由主义的文章和书籍不少，不过很多都是从政治理论的视角来阐述的。钱满素的《美国自由主义的历史变迁》一书则从历史的视角切入，通过美国的具体历史实践来考察自由主义的确立和成长过程，为人们更深入地理解自由主义提供了一份鲜活的标本。正因如此，这本书才有特别的意义：这除了能让人从学理上领会自由主义的思想魅力外，还能让人看到自由主义在实践层面上的适应性和灵活性。

一

站在有着两千多年封建专制传统的中国去眺望北美洲的那片土地，我们不得不承认，人家美国从建国之初就有着深厚的自由主义的思想传统。1620年，约翰·温斯罗普带领着清教徒，乘坐"五月花号"，跨越了三千英里的大西洋，来到北美蛮荒。他们在登陆普利茅斯时签订的那份《五月花公约》，就蕴涵了自由主义的种子——宪政和契约精神在这份历史文献中得到了充分的体现。清教徒既不想当奴隶，也不想当主子，"他们将财富视为上帝恩宠的象征，是得救的外在迹象，因此以富裕为荣。同时他们又主张勤奋节俭，反对奢侈，两者相辅相成，就养成了一种独特的心态和行为方式，无意中非常有利于新的资本主义经济秩序的发展。"

摆脱了英国的清教徒最初也是存有乌托邦幻想的，他们认为，自己跨越大西洋的迁徙之举是完成与上帝的约定，当踏上北美土地的时候，"上帝的子民"就已经获得了独立，剩下的，就是创建"山巅之城"——按照《圣经》去构建教会和政府，引导人民服从上帝，勤奋工作。为此，清教徒最初的组织建立在三大契约之上：天恩之约、教会之约和公民之约。天恩之约是信徒个人与上帝之间的约定；教会之约是信徒之间的约定；而公民之约是信徒作为公民在成立世俗政府时的约定。显而易见，在最初的契约中，宗教色彩十分强烈。在马萨诸塞殖民早期，只有教会会员才有在政府中任职的权利。可是，到了移民的第二代，美国人的宗教色彩大大减弱，清教徒的子女们对父辈视为特权的教会会员资格已经很不在意了。他们没有宗教体验可以汇报，不能取得会员资格。可是，如果不接纳他们为会员，他们的下一代又该怎么办？这个政教合一的政权日后又该如何维持？最后，美国人只好降低标准，在1662年搞"半途契约"，规定凡是会员的子女都能成为"半会员"，以使他们的子女能照样受洗，并有望成为会员。在教会不惜改变原则以迁就现实的时候，清教美国化和现代化的过程也就开始了，而这一过程一旦开始就再也不能停下来了。清教徒"山巅之城"的理想在世俗压力面前失败了，可是一个迁就人性的良好传统却保留下来了。这一点十分重要。一个理论一旦被尊奉为万世不变的教条，那么它的思想活力也就丧失殆尽了，它距离被人们抛弃的时间也就不远了。

《独立宣言》的发表标志着自由主义思想在美国的确立，它意味着自由主义是美国的立国之本。下面这段人们耳熟能详的句子就是美国人两百多年来的共识：

我们认为下面这些真理是不言而喻的：人人生而平等，造物者赋予他们若干不可剥夺的权利，其中包括生命权、自由权和追求幸福的权利。为了保障这些权利，人类才在他们之间建立政府，而政府之正当权力，是经被治理者的同意而产生的。当任何形式的政府对这些目标具有破坏作用时，人民便有权力改变或废除它，以建立一个新的政府；其赖以奠基的原则，其组织权力的方式，务使人民认为唯有这样才最可能获得他们的安全和幸福。为了慎重起见，成立多年的政府，是不应当由于轻微和短暂的原因而予以变更的。过去的一切经验也都说明，任何苦难，只要是尚能忍受，人类都宁愿容忍，而无意为了本身的权益便废除他们久已习惯的政府。但是，当追逐同一目标的一连串滥用职权和强取豪夺发生，证明政府企图把人民置于专制统治之下时，那么人民就有权利，也有义务推翻这个政府，并为他们未来的安全建立新的保障——这就是这些殖民地过去逆来顺受的情况，也是它们现在不得不改变以前政府制度的原因。

《独立宣言》发表于1776年，到了1787年，美国人又以宪法的形式使自由主义思想体制化。

二

以宪法的形式将自由主义确定为美国的主流意识形态，这仅仅是自由主义思想"万里长征中的第一步"，在漫长的历史中，自由主义显然还要接受来自各个方面的考验。实践是检验真理的唯一标准，一种思想只有充分地经受住历史实践的各种考验，才能够真正地被后人认可。

第一种考验来自自由主义的内部。就在制定美国宪法的过程中，自由主义思想者的内部发生了"党争"，先是联邦党人与反联邦党人之争，其后又是联邦党与民主共和党之争，最后一直发展为共和党与民主党之争。在联邦党人与反联邦党人之争中，一派强调建立联邦政府的重要性，另一派则担心过于强大的中央政府会催生独裁者，削弱州权，并进而侵犯公民权利。反联邦党人的这种担心其实联邦党人也有，于是，联邦党人允诺将《权利法案》与宪法同时通过，以确保公民权利不被侵害。这样，反联邦党人接受了宪法，第一次党争结束了。

在反联邦党人从政坛消失之后，美国内阁是清一色的联邦党人，可是这并不能从根本上消除分歧。汉密尔顿是开国之初最坚定的强大中央政府的倡导者，他在担任财政部长后，推行国家主义、重工主义和精英统治，极力将美国经济引向资本主义。可是，在《独立宣言》执笔人杰斐逊的心中，农业与美德有着天然的联系。他代表农业利益，反对强大的政府，认为管得最少的政府才是最好的政府。他虽然不相信人民能够直接治理国家，但相信人民有能力选出代表他们利益的合适的人来治理国家。与汉密尔顿相比，杰斐逊接近民众，接近民主。这场争论的结果是杰斐逊回到了弗吉尼亚，组建了自己的党派——民主共和党，这是美国历史上明确成立的第一个政党。

1800年，杰斐逊在竞选总统中胜出，政权在联邦党与民主共和党之间和平转移。有趣的是，在竞选的关键时刻，是汉密尔顿为杰斐逊的当选作出了贡献。此举表明，两党的共识远远大于他们之间的分歧，这一点恰如杰斐逊在就职演说中所说："我们都是共和党人，我们都是联邦党人。"在杰斐逊八年的总统任职期内，他也确实接受了许多联邦党人的大部分政策。可以说，杰斐逊在政治上矫正了汉密尔顿的精英统治，可在经济上则使美国一直沿着汉密尔顿国家主义和重工主义的道路发展。由此可见，美国的两党历来就有既斗争又合作，你中有我，我中有你的传统。

1812年，联邦党因为在反英战争中持反战立场而瓦解，民主共和党有过短暂的"一党独大"时期，可是，到了1817年，安德鲁·杰克逊带领着自己的人马从民主共和党分裂出去，组建了民主党，余下的民主共和党则改成国家共和党，后又改成辉格党。民主党更多地代表底层，而辉格党则更多地代表上层，民主党代表南方利益，而辉格党则代表北方利益。此后，在南北内战中，民主党因支持奴隶制而遭受重创，辉格党也适时淡出，北方成立新党——共和党。至此，形成了美国共和、民主两党相互竞争的格局定型，一直延续至今。

几次党争不但没有使美国政府土崩瓦解，而且还有效地整合了思想和政治资源：联邦权与州权的冲突以联邦的胜利而告终；南北冲突以奴隶制度被彻底埋葬、北方的胜利而结束；工商业与农业的矛盾以美国的工业化实践而完结；精英与大众之间的权力之争以精英的彻底妥协而告终。美国为这些争执付出过大大小小的代价，但有一点是足可欣慰的，那就是：所有争执的解决最终都有利于自由主义思想的蓬勃发展。

三

在政治上废除了奴隶制，在经济上走上了工业化的道路，使得美国的社会发展高歌猛进，至20世纪初，它就已经跃为世界第一经济强国。可是这并不意味着这个国家就不会出现危机，也不意味着它奉为立国之本的自由主义就不会再遇到更为严峻的挑战，挑战就在眼前。

在一个自由放任的社会里，经济上的两极分化是必然的。社会能够承受一定程度的分化，可如果分化过大就会出现危机。财富过度集中在少数人的手里，可少数人的消费毕竟有限；大部分人没有购买力，不足以刺激经济发展。如此，就造成了产品积压，最终导致了经济大萧条。

美国的经济大萧条出现在1929年，当时的总统胡佛近乎虔诚地信奉自由主义的执政理念，相信"管得最少的政府才是最好的政府"，所以他始终不敢迈出国家大胆干预经济这一步。在一个经济大萧条的时期，政府不敢干预经济也就无力保障人民的基本福利，于是，人民对胡佛失望了，甚至对美国的政治体制也产生了动摇。这个时候，富兰克林·罗斯福出现了，他于危难之际大胆启动新政，从而给美国的自由主义赋予了新的内涵。罗斯福总统在1933年3月至6月间敦促国会通过了15个主要法律，其中包括银行紧急法、经济法、联邦紧急救急法、农业调整法、紧急农场贷款法、田纳西流域整治法、保险真实法、家宅贷款法、全国工业复兴法、银行法等。这些新政一方面开启了政府干预经济的职能，另一方面也开启了福利主义的大门——政府要直接地对人民的基本生活保障负起责任。

在罗斯福新政之前，信奉自由主义的美国人并不认为政府应该对经济危机承担责任，也不认为政府应该负责人民的生活保障。在崇尚个人奋斗的国度，个人对自己的成败负责是天经地义的事。可是，在经济大萧条的时代，自由主义的原有理念捉襟见肘，无力应对。可以说，是罗斯福新政在扩大了政府职权的同时也丰富了自由主义的内涵。一个显见的例子就是，罗斯福总统阐发的"四大自由"理论——言论自由、信仰自由、免于匮乏的自由、免于恐惧的自由——如今理所当然地成了自由主义的重要组成部分。

尽管新政在很多地方都突破了原有自由主义的理论底线，但是，罗斯福依然以自由主义者自称，他说："我们说文明是一棵树，在成长的过程中会不停地产生朽木。激进派说：'把它砍了。'保守派说：'别碰它。'自由派妥协说：'让我们来修剪它，这样就既不会损害老树干，也不会损失新树杈。'"

就这样，罗斯福使自由主义从自由放任的古典阶段过渡到国家有限干预的现代阶段。当然，在这个过程中，自由主义的概念变得有些含混、复杂。好在美国人讲究实用，不那么教条。只要罗斯福能带领国家走出经济大萧条的危机，人民就不会为捍卫所谓的"意识形态"而去打倒他，相反，在1936年第二次竞选总统时，他所到之处受到了"连他自己都感到过分"的热烈欢迎。

四

自由主义的力量不仅在于它能在非常时期培养出非常之人以非常手段带领国家度过危机，比如罗斯福和他的新政，更在于它有着超强的宽容精神和试验品格，允许各种不同的思想存在，甚至还允许他们把思想付诸实践。这样不但可以让整个国家保持活力，而且也让人民对各种政治思潮有切实的比较和选择。这一点，非常突出地表现在美国社会对待乌托邦社会主义的态度上。

19世纪初，美国的工业革命彻底改变了原来以农业和小手工业为基础的社会。工业化导致大批雇工出现，他们没有土地，只能接受资本家的"剥削"，成为"工资奴隶"。与此同时，社会财富高度集中，贫富差距急速扩大。严重的社会问题促使很多有识之士反思资本主义制度的罪恶。在这种情况下，空想社会主义一度在美国很有市场。在内战前的一段实践里，美国是一个乌托邦思想盛行的时代，正如爱默生所说："每个读书人的背心口袋里都揣着一个理想社会的蓝图。"这些"理想社会的蓝图"当然与美国实行的资本主义制度格格不入。如果是在专制国度，这些"不同政见者"是不会有好果子吃的。可是，美国人不这么干，他们邀请这些人到美国来"试验"。

1824年，著名的空想社会主义思想家罗伯特·欧文来到了美国，并受到了广泛的欢迎。他花15万美元在印第安纳买下3万英亩的土地，命名为"新和谐"，开始建立他美好的公有制社会试验。在"新和谐"里，财产公有，决策民主，所有的人在店铺里各取所需。医疗和教育当然也是公费的，文化生活也搞得丰富多彩。可惜好景不长，"新和谐"的内部就出了问题，大家对财产的使用争吵不断，生意亏本不说，还有人贪污。不到一年，欧文就被迫出售财产以维持生计，不到三年，"新和谐"就彻底失败了。

欧文的蓝图失败之后，傅立叶的"法郎吉"构想又吸引了美国人，于是又有美国人建立了34个"法郎吉"，当然最后也失败了。类似的试验一度层出不穷，可惜都失败了。对此，爱默生发问：小范围内尚不能实行，如何在大范围内实行？此后，乌托邦思想在美国失去了市场。

在以后的岁月里，由于受苏联社会主义革命的影响，美国历史上还一度出现过"老左派""新左派"等激进思潮，甚至是亲苏组织。但是，奉行自由主义的美国社会具有超强的包容性，这些激进分子最终被"体制"吸纳，汇入了主流社会。美国体制这种"化敌为友"的能力实在让人惊叹不已。宽容是自由主义带给现代社会的一笔宝贵的思想财

故纸眉批

富，宽容虽然不等于价值中立，但是宽容确实能保证多元文化的存在与发展，而这恰恰是保持社会活力的重要因素。

阅读钱满素《美国自由主义的历史变迁》一书，我最强烈的感触就是：自由主义的身段是柔软的，它能灵活地迁就时代和人性的变化；同时，自由主义骨骼又是坚硬的，它核心的价值观在纷繁复杂的历史大潮的冲击之下始终屹立。这就是自由主义呈现给我们的一种力量。我觉得，对于一种思想理论而言，最可贵的不在于这个理论为人类描绘了多么美好的前途，也不在于理论本身能否在学理上自圆其说（符合上述两个条件的理论实在是太多了），而在于这个理论能在多大的程度上与社会实践形成良性的互动关系——它的核心理论能被实践所确认，并反过来用于指导实践。从这个意义上讲，自由主义比各种乌托邦思想都优越。各种乌托邦思想以许诺人间天堂作诱饵，可在实践中却一次又一次地把人们带到地狱。自由主义很少豪言壮语，甚至不给人们任何许诺，可是它却在实践中一步一步地让人们找到尊严和幸福。

当下教育的科举之弊

2005年是废除科举制度一百周年，自废除科举制度的百年来，中国的教育几经起伏，坎坎坷坷地走到了今天。如今，中国的教育体制改革又到了一个关键的时刻。在这样的时刻，反思科举制度的得失成败，清醒地认识和解决教育领域存在的问题，实在是非常必要的。我个人感觉，如果我们对当前教育界存在的弊端缺乏清醒的认识，那么，中国现代教育也是极有可能重蹈科举制度的覆辙的。

有人也许说："科举制度已经废除一百年了，今天的学生不要说学八股文了，就连八股文是什么样儿都没见过。中国的现代教育哪会重蹈当年科举制度的覆辙，你是不是在故作惊人之语。"

答曰：否。诚然，我们在考卷中消灭了八股文，在课堂上剔除了四书五经，在制度上废除了殿试和进士及第。但是，如果以为仅如此就可以彻底消灭科举制度的幽灵的话，那实在是很幼稚的。要我说，八股文、四书五经、进士及第不过是科举制度的外在形式，如果科举制度的灵魂——即精神实质——得不到彻底清算的话，那么，科举制度的幽灵完全可以借现代教育（甚至是教育改革）的名义重新在中华大地上游荡。

考察中国目前的教育现状，很多弊端都带有科举时代的影子，有的甚至如出一辙；科举制度的很多僵死的、迂腐的考试观念在今天仍然存在。所以，我们必须对今天的教育抱有足够的警惕，同时加速教育体制改革，不要让中国的现代教育重蹈科举制的覆辙。

故纸眉批

一

中国的科举取士制度自隋唐至宋再至明清，逐步由一个意在扩大统治基础，公平、公正选拔人才的好制度转变成了钳制人们思想、束缚考生个性的坏制度。这其中的原因非常复杂，在有限的篇幅内不能一一细说，只能拣几点跟现实生活联系密切的原因谈一谈。

在科举制度演变的过程中，宋代是一个值得关注的时期。在宋之前，科举一直是一种先进的选拔人才的制度。与汉代的察举制相比，科举制有显而易见的公正性，它有利于破除门阀体系，具有反对血统论的意味。以公平、公正、公开的考试方式来选拔人才，是科举制度最杰出的历史贡献，这一点，无论如何都不能抹杀。但是，我们必须明白，一项好的制度犹如一块肥沃、富饶的土地，如果"开发"过度，它就会"水土流失"，就会"沙化"，并最终演变成像盐碱滩一样的不毛之地。用今人的语言来表述，宋朝对科举制度的破坏性"开发"主要有以下几项：扩招、计划录取、圈点考试范围。

先说扩招，宋朝选士比唐朝要泛滥得多，唐朝每届仅取进士三四十人，宋朝则动辄"录取"四五百人，是唐朝的十多倍。比如北宋咸平三年（1000年），宋朝即取进士409名，加上其他诸科1129名，共计1538名。扩招在当时满足了一些读书人获取功名的愿望，可是却降低了"门槛"，降低了质量。更严重的是，招收了如此多的"人才"，让他们如何就业呢？在封建社会，读书的目的就是要升官发财，所以朝廷就只好增加官位，好让"士子"就业，于是，宋朝就出现了臃肿的官僚机构和官僚队伍。臃肿的官僚机构和大量的冗官耗费大量的费用，所以，宋朝尽管商业还算发达，但财政压力一直很重。同时，臃肿的官僚机构和大量无所事事的"冗官"必然导致相互扯皮，内耗严重，效率低下，腐败和派系纷争更是不可避免。还是以数字来说明，唐朝的中央政府官员多的时候达到过2000多，唐太宗锐意改革，一下子就将其减至634人。宋仁宗时期，宋朝的中央官员超过了1.7万人。

宋朝的计划录取系指它的"逐路取士"。到了宋朝，中国的经济重心已经开始南移了，各地的经济发展和教育水平的不均衡也已经出现。这种状况影响到科举制度，就是发生了欧阳修和司马光关于是"唯才是举"还是"逐路取士"的争论。欧阳修主张按统一标准对待全国各地考生，即"唯才是举"，类似于"全国一条分数线"；而司马光认为，应该照顾到各地经济发展和教育水平的差异，将全国的录取名额分配给各个地区，"逐路取士"，这类似于现在的"各省单独划线"。王安石变法失败之后，司马光"主政"，"逐路取士"的原则得到了贯彻，并一直被后人继承。"逐路取士"的好处是照顾了地区间的现实差异，但弊端也极其严重，那就是在相当大的程度上破坏了考试的公正性，而且还直接诱发了举子"冒籍"的行为。所谓冒籍，其实就是古代的"高考移民"（最近两年，"高考移民"现象颇受媒体关注，其实，此事古已有之）。因考中进士的诱惑极大，为了确保考中，教育发达地区的考生通过种种途径，冒各种风险，将自己的户籍改到教育欠发达地区。为了对付"冒籍"应试，宋以后的各朝各代想了很多办法，制定了许多极为严厉的处罚措施，但都没有杜绝这种现象。济南在清朝时出过一个状元陈冕，他考状元时用的就是"北京籍"，相当于今天的山东考生"移民"到北京去参加高考。

　　至于圈定考试范围，就是宋朝通过考试改革，改原来的考词赋为考经义。评判诗词歌赋的好与坏，带有强烈的主观性，往往缺乏统一的标准，而考经义则容易评判。这其实是以考官为本位作出的一厢情愿的命题思路，即命题首先要考虑的就是如何方便阅卷打分，至于这种考法是否符合考生的实际，是否照顾到了人才的多样性，是否压制了一些考生的个性，是否有利于真正的人才脱颖而出，实现选拔效用的最大化……
这些都是次要的问题，能照顾到就照顾到，照顾不到也就算了。这样的
命题思路其实早在宋朝就显示出了它的弊端。王安石最初是主张考经义
的，他实行变法，也想通过考经义来选拔"经天纬地"之才，可是，改
考经义后得不偿失，就选拔人才的质量而论，考经义反不如考词赋。这
一点，就连王安石都为之慨叹，说"本欲变学究为秀才"，不料"反变
秀才为学究"了。

其实，这里面的道理并不难。让一直躲在书斋、没有"实际工作经
验"的举子们议论"治国安邦"之策，他们除了阐发（甚至就是照抄、
照搬）先贤的遗训之外，能说出什么切中肯綮的宏论。可惜，宋朝的这
一教训并没有被后人汲取，后世一直延续考经义的路子，直到几年前，
各省的高考作文还依然明确规定"不能写成诗歌"。无论这条规定在命
题者和阅卷者看来多么天经地义理直气壮，但是，只要以考生为本位来
考察，那么它的荒谬性就是无以复加的。凭什么诗歌就不被认可？难道
诗歌写得好不是一种才华吗？难道诗人不值得尊敬吗？

二

不让写诗歌，却非常鼓励写议论文，尤其是前几年高考中所出的
"话题作文"，更是诱惑考生对"宏观话题"发议论。"没有调查就没
有发言权"，考生们本来就"阅世不深"，对复杂的社会缺乏切身感

受，可考试的时候却非要求他们对国家和社会的"宏观问题"发表意见，他们除了人云亦云，除了说一些"放之四海而皆准"的充满玄学色彩的空话、套话，又能怎么办？凭空话、套话能有效地选拔人才吗？我怀疑。

有一年山东的高考作文题是"双赢的智慧"，命题者在给材料时就把双赢界定为"取长补短"，然后诱惑考生发议论，结果，出来的优秀作文果然是在变着花样论述如何"取长补短"，辞藻倒挺华丽，可要我看，这些优秀作文没有一篇有深刻的思想和较强的现实针对性。我就想，命题者凭什么就那么自信而又愚蠢地将"双赢"界定为"取长补短"？"取长补短"固然是"双赢"，但强强联合、共谋发展难道就不是双赢？强强博弈，通过竞争互相提高难道就不是"双赢"？更可怕的是，考生也很配合（这显然是长期训练的结果），命题者想要什么，阅卷者想看到什么，我就写什么。彼此很默契，似乎都很有"智慧"，已经实现"双赢"了。其实，这是一种彻彻底底的"双输"。命题者在"诱供"，考生像命题者肚子里的蛔虫一样在"招供"，高考的作文考试简直就成了一场道德"审讯"——不看考生是不是有自己的想法，就看你会不会"配合"。要我看，"双赢的智慧"完全可以按照这样的思路去写：双赢是博弈双方都想追求的结果，可实现双赢却是有条件的。这条件就是要有智慧——仅博弈的一方有智慧都不够，而且要双方都有智慧才可。若仅单方有智慧，而另一方却不按规矩出牌，胡乱"搅局"，那也无法实现双赢。以现实生活证之，若建立和谐社会，使各个阶层、各个群体都获益，实现"双赢"甚至是"多赢"，就对整个社会的"智慧含量"提出了更高的要求，不但领导民众的政治家要有足够的智慧，而且普通民众也有足够的智慧；不但企业要有足够的智慧，而且消费者也要有足够的智慧；不但作家要有足够的智慧，读者也要有足够的智慧……一句话，"双赢"的和谐社会不会在充满"愚氓"的土地上诞生，"有关部门"必须改变从封建社会沿袭下来的对民众"瞒和骗"的"愚民"做法，还公众知情权、监督权、发言权及其他各项权利，使他们越来越有"智慧"。我把自己的想法跟一些考生和家长说了，他们均不以为然，说"你这是杂文家的思维，不是写高考作文的思维。如果按你说的写就跑题了"。我愕然。如果非得把考生的思维限定在命题者圈定的范围内，那么，这样的高考作文不是跟当年的八股文如出一辙吗？

三

高考作文又重蹈当年八股文的覆辙，这还仅仅是问题的一个方面。当前中国教育之弊端与科举制有相似之处远不止于此。且让我们沿着科举制的发展轨迹继续追索——

到了明代，中国科举制度已经定型了，以后的清朝，在考试方面基本沿用明朝的那一套。明朝的考试制度和唐宋时期的最大差别之一就在于考试"层级"的增多。在唐宋，考生由民间呈报地方政府，再由地方政府呈报中央，经中央组织考试，考中便是进士及第。因此，唐宋时期的进士考试，主要的其实就一次。到了明朝，因报考的人数越来越多了，仅用"扩招"一法已经不足以缓解"家长和考生的迫切要求"与"社会教育资源"之间的矛盾了。所以，只得在严格考试级别上来做文章——

分若干等级来考。第一级是府县考，考中者为秀才；第二级是省试，又叫乡试，考试地点就在各省的贡院，考中者为举人；第三级是会试，即各省举人汇集中央，"进京赶考"，考中者始为进士。考中进士还不算完，还要在中央读书三年，由中央派一个老资格的进士出身的人来教，这些老资格的进士出身的人都是朝廷大员，他们其实并不怎么严格地教学，只是挂个名而已。三年之后再参加一次考试，考中者入翰林院。考试层级的增多和"学制"的增长必然导致"学衔"（学位）森严的等级制和名利化。而后者逐渐喧宾夺主：读书人由最初的追求学问变成了追求学位，读书的功能亦由最初的"养气""求道"变成了追名逐利，学术的独立性和非功利性品格越来越少，而依附性和功利性追求越来越多，学风越来越坏，学界的空气也随之越来越污浊。到了最后，科举制给人们的责任感越来越少，而虚荣心却越来越重。

在古代，考场和官场密不可分，明代科举的弊端影响到官场，直接就是"流品"：明代风尚，非进士、翰林不能做大官。于是，进士及第是清流，浮在上面，官运亨通；秀才、举人是浊流，沉淀在下面，永远不能超越。进士、翰林没有当小官的，无论政绩如何；秀才、举人没有当大官的，同样不论政绩如何。这无疑使官场丧失了活力。从两汉到唐宋，当官自然都得先从小官做起，有了政绩可以升迁，这使得人人有升迁的希望。明以后，对秀才、举人出身的"基层官员"来说，他们升迁的路途中断了，政治抱负和施政才华得不到充分施展，理想破灭之后，顺理成章的便是追求享乐，当个鱼肉百姓的贪官或酷吏；而进士、翰林出身的"高级官员"，因高高在上而脱离实际，他们只要不"触怒龙颜"，便无"降级"或"失业"的职业压力，自然不会把主要心思放在关心民众疾苦、为民谋福利上。因此，附庸风雅，摆弄琴棋书画便成了许多官员的自然选择。

"流品"除了造成"基层官员"和"高级官员"之间的隔阂外，就是在"高级官员"之间也有恶劣影响。它造成了官员之间不恰当的攀比——比出身、比学位甚于比工作成绩。晚清大臣左宗棠，因只是举人出身，虽功业盖世仍备受歧视。他当时位列军机大臣已是异数，但因不是进士、翰林出身，死后便不能享受最高层次的"文"字谥号。左宗棠咽不下这口气，在进军新疆平叛的途中仍连夜上奏，要求回京参加考试，以获得进士及翰林学位。慈禧太后接到上奏后，下诏称：战事紧急，主帅不宜请假，特赐左宗棠进士出身，并赏翰林，着以原职继续统兵平叛。左宗棠感激涕零，遂有抬棺进击、平定阿古柏叛乱之举。看看，当时位列军机大臣之高位的左宗棠，尚且不能超脱于"文凭"的诱惑，可见科举制所造"流品"之害人不浅。

如今，高校"扩招"早已成锐不可当之势，中专、大专、本科、硕士、博士及博士后等文凭所标志的教育等级已在社会上造成了相当的影响，相应的，"流品"意识也初露端倪。比如，许多单位招人都要求"本科以上学历"，非"硕士以上学历"不能进入高校任教，非有"博士"及博士后学历几无晋升教授之可能。目前，受"流品"之害最剧者，莫若教育界。漫长的"学制"和刻板的教学模式，正在起着"逆淘汰"的作用，大批有才华、有思想的青年考不出或不屑去考一级又一级的学位，大部分学位遂被一批死读书、读死书、专以应试为能事的人所占据。一方面，有学术潜质的人进入不了学术门槛，另一方面，能进入学术门槛、耗用学术资源的又多是庸才，这种情况已经引起了有识之士的反感。最近，北京大学法学院教授贺卫方拒绝招收研究生一事就是极好的例证。这种情形其实跟明清时代的科举制亦有类似之处，像蒲松龄这样有才华的文学家在科举的路上极端不顺，而许多进士出身的人却庸庸碌碌，学无所长。

四

对于科举制度的弊端，改良主义思想家郑观应做过这样的批判："虽豪杰之士，亦不得不以有用之心力，消磨无用之时文。即字字精工，句句纯熟，试问能以之刘安国家乎？不能也。能以之怀柔远人乎？不能也。一旦业成而仕，则又尽弃其所学。呜呼，所学非所用，所用非所学，天下之无谓，至斯极矣。"这段话切中科举制度之要害，"所学非所有，所用非所学"实在是科举制的一大弊端。检讨今天的中国教育，科举制度的这一弊端，显然也在相当程度上被"继承"下来了。不断有媒体披露，有英美人答中国的英语高考试卷，所得分数并不理想；王蒙等作家曾答过高考的语文试卷，所得分数也仅仅是"及格"而已。前几年笔者在报纸上看到了山东的高考语文试题，其中的"白话文阅读理解"部分所出的几个考题着实让人不知所云。比如，其中的一个是：说出"乡愁是一种文化心灵上的寂寞"一句话的意思。这句话本身就把意思说得够明白的了，你还要考生怎么说？我拿这个题请教过一位大学中文系的教授，他也答不上来。命题者给出的答案是："故土文化的失落会造成人类心灵的寂寞，乡愁由此产生。"看到这个标准答案后，我哭笑不得，这就叫"你不说我还

故纸眉批

59

明白，你越说我倒越糊涂了"。更让人费解的是，"乡愁"的产生跟"故土文化"是否"失落"没有必然的联系。思念故乡是人类的一种天然的情感，不需要特别的理由。我离开了老家内蒙古，时不时地就想家，思乡，这很自然的，跟内蒙古是不是在刮沙尘暴没有必然的联系，草原文化没有失落，我也照样产生"乡愁"。如果一个人非得等"故土文化""失落"了才产生"乡愁"，那就像非得等父母死了才想起尽孝一样，都虚伪得很。最关键的是，我实在想不出考这个题的目的何在。今天的考生不论日后是当报刊的编辑，还是当中文系的教授，还是当著作等身的作家，他都用不上这样的"理解能力"。这些不都是典型的"所学非所用，所用非所学"吗？语文和英语试卷出现了"所学非所用，所用非所学"的现象，其他试卷是不是也有同样的问题呢？难说。当一次又一次地面对着如此怪异的试题时，我们难道还不能嗅出一点科举制度僵尸腐臭的气味吗？

所以，我要大声疾呼：在纪念废除科举制度一百周年之际，我们一定要警惕科举制度借尸还魂！中国的现代教育制度已经出现了种种和科举制度类似的弊端，我们必须给予足够的关注并设法加以解决。

中国的现代教育再也不能重蹈科举制度的覆辙了！

五

本文写就之际，我读到了杂文家张心阳先生发表在2005年第6期《杂文月刊》（原创）上的文章《邪门的教育》，深有感触。我上面的文字主要是针对目前的高考、高校所发的，而张文主要针对的是中学教育，为补充计，容我转述张文的大意，并节录其精彩段落。

张心阳在文章中说，他的女儿读初三，语文寒假作业中的一些题目极端邪门。他举了两个例子——

其一，贾平凹的《读书示小妹生日书》有这么一段文字："而今桌上，几上，案上，床上，满是书籍，却常读十不能记下四五，这全是年龄所致也。"出的题目是：这段话可以用一句俗语概括，这句俗语是什么？其中的两个字形相同音不同，请写出这句话。

其二，《人类需要梦想者》一文讲述的是居里夫人献身科学、不图私利的品德，其中有这么一段，美国记者到居里夫人的试验室采访，居里夫人说出了世界上每一零星镭的所在地。记者问："法国有多少呢？""我的试验室只有一克。""你只有一克吗？""我，啊，我一点也没有。"题目要求从下面四句话中选一句填入横线处。这四句话是：A."这一克是属于人类科学事业的。"B."这一克是属于法国的。"C."这一克是属于实验室的。"D."这一克是属于比埃尔·居里和我的。"

就这两个题，张心阳问了五位文学硕士和博士及两位老报人，第一题没一个人能答上来。第二题五人答A，两人答B，所答全错，因"第二题的标准答案是C"。

张心阳先生不禁愤怒，写道："我们的教育之所以成了这个样子，真让人为之愤怒又伤悲。教育的根本目的似乎并不是好好培养人才，一切都不过为考试服务，以考住学生、拉开分数档次为目的。至于学习的内容是不是与真理常理相违背，是不是合乎事物发展的规律和逻辑，是不是有助于开启和开拓学生的智慧和思维，是不是为他们的未来打下良好的素质基础，似乎不在教育者考虑之列。""如果说孩子们豁出命来学习，学到的都是有用的东西，也还算没白辛苦。可是当看到上述几道题时，我们将作何想？这简直无异于剥夺他们的青春和生命，也可以说是一种变相的谋杀。被毁掉的当然远不止他们现在的岁月，还有他们的未来。""学生们其实是在与一些垃圾知识为伍，是在垃圾知识里东奔西突，是在同垃圾知识战斗。我为他们心痛，也为我们的教育体制伤悲。"

感谢张心阳先生的文章。以前我单知道在高中、大学教育中存在"所学非所用，所用非所学"的弊端，如今才明白，这流毒早已开始侵害中学生了。小学生所学，是不是也有"垃圾知识"呢？

呜呼，救救孩子！

忠奸之谜如何破解

李陵的故事对很多人来说并不陌生。李陵是汉代飞将军李广的孙子，大约是因为遗传的原因，李陵"善射，爱士卒"，曾带领着八百骑兵，"尝深入匈奴二千余里，过居延视地形，无所见虏而还。"不久，"拜为骑都尉，将丹阳楚人五千，教射酒泉、张掖以屯卫胡，数岁。"可见，李陵是个难得的将才。天汉二年（前99年）秋，汉武帝刘彻派贰师将军李广利带领三万骑兵攻打匈奴，嫉贤妒能的李广利不让李陵带兵打仗，却让他管理后勤辎重。报国心切的李陵遂直接向汉武帝请命，

"愿以少击众，步兵五千人涉单于庭"。于是，他带着五千弓箭手"出居延北千余里"，在浚稽山与匈奴遭遇。单于以八万骑兵围攻李陵的五千步兵，李陵寡不敌众，且战且退，坚持了八天，退到了离居延不到百里的地方，可是李广利的援军仍未赶到。"陵食乏而救兵不到，虏急击，招降陵。陵曰：'无面目报陛下。'遂降匈奴。"

从军事的角度来看，李陵实在是一位难得的将才，以五千步兵抗击匈奴骑兵八万人近十天，"杀伤匈奴亦万余人"，浚稽山之战可谓虽败犹荣。事实上，李陵的骁勇亦赢得了对手的尊重，"单于既得陵，素闻其家声，及战又壮，乃以其女妻陵而贵之。"也就是说，李陵成了单于的女婿，地位十分尊贵。

可是，汉武帝刘彻对李陵的投降之举非常恼火，遂"族陵母妻子"——把李陵的老母、妻子、儿女都给杀了。著名的史学家司马迁因为替李陵说了几句话就被汉武帝下狱，最后施以宫刑。这便是历史上有名的"李陵事件"。

"李陵事件"之所以一直让后人念念不忘，我觉得绝不仅仅是因为汉武帝的做法太残暴了，更在于这里面涉及到了对"忠"这一价值观的不同读解。而对"忠"的不同理解构成了一种几乎恒定的价值冲突，贯穿整个中国历史的始终。这种冲突不仅在思想层面上困扰过很多人，而且在实践层面上也酿造了不少悲剧。鉴于此，我姑且称之"李陵困局"。

汉武帝刘彻理解的"忠"与李陵理解的"忠"显然是不一样的。汉武帝理解的"忠"很简单：你既然是汉将，就应该为汉朝作战，作战失败了，你就应该战死；战死了，杀身成仁，你就是烈士，你的家人就是烈属，我会给烈士以荣誉，给烈属以抚恤。相反，如果你战败投降，那就是背叛了朝廷，你对朝廷不仁，我就对你不义，所以，"族陵母妻子"也是情理之中的事。李陵理解的"忠"要复杂得多深刻得多。按司马迁的解释，李陵之所以投降匈奴，是在不得已情况下的一种保全之策，目的是为了以后寻找机会继续报效大汉王朝，有忍辱负重的意思在里面。我比较认同司马迁的解释，作为一代名将，李陵作战勇敢，绝不是贪生怕死之徒，战死疆场或战败自杀对他来说并不是一件多么难的事。他之所以选择活下来，就是因为心有不甘，想着日后翻盘，一来以雪自己当年战败之耻，二来以报君王的信任之恩。据《汉书》记载，李陵后来对苏武说："假如汉朝当时能宽恕我的兵败之罪，保全我老母，给我以洗雪耻辱的机会，我也许能像古人曹沫那样，逼迫敌人签下和平条约，这是李陵日夜不敢忘记的。可是汉朝将我一家满门抄斩，我还有什么牵挂呢？这些话已经没什么实际意义了，说出来不过是希望您理解我罢了。"

实际上，投降匈奴之后的李陵并没有"掉转枪口"带兵攻打汉朝，没有做任何对不起汉朝的事。他在匈奴二十多年的岁月里都是在消极度日，他以一种与单于"不合作"的态度来寄托自己的家国情怀。汉武帝屠杀他全家一事成了李陵心中永远的痛，他本想报国，可"国"已视他为敌；他本想寻找机会回家，可家已被彻底毁掉。无家可回，有国却又不能报，家仇与国恨的对立深深地纠缠着李陵。灭族之痛让他失去了对汉朝的归属感。史书记载，李陵曾在送别苏武的宴会上起舞而歌："径万里兮度沙幕，为君将兮奋匈奴。路穷绝兮矢刃催，士众灭兮名已聩。老母已死，虽欲报恩将安归！"

一句话，如果不是汉武帝株连无辜，屠杀李陵全家，李陵对汉朝的归属感就不会丧失，他再次为汉朝效力的机会就依然存在。可惜的是，汉武帝非但不信任李陵，反而认为李陵之举让"朕"很没面子，遂视他为敌人，并迁怒于他的家人。由此可见，下属要与上司取得心理默契是一件多么难的事呀。有时你以为你是在"为工作考虑"，"也是替领导分忧"，"是帮忙"，可人家上司偏偏就认为你是在"找碴"，是在"添乱"，你能奈何？

李陵事件所揭示的核心问题是：在必败的战局面前，作将军的难道就只能杀身成仁吗？难道就只有"以死谢君王"这一条路可走吗？难道就只有战死才算"忠"吗？难道做战俘就是"大逆"了吗？

显然不是。孟子就说："可以死，可以无死，死，伤勇。"意思是说，生命是极其可贵的，在可以死也可以不死的情况下应该尽量不死，这时如果去死，反而是对勇敢品格的一种伤害。可见，即便是在战败的情况下，个人也还是有选择空间的，以身殉职当然是一种选择，是"忠"的一种表现，而战败被俘也是一种合理选择，并不就是"大逆"。这两种选择都是成立的。这一点可以通过屈突通的故事来说明。屈突通原是隋朝的大将，镇守山西永济。他率兵去救京师长安，被唐高祖派兵围困。唐军派他的家童去劝降，屈突通不肯降，把家童杀了；唐军又派他的儿子去劝降，他仍不肯降，还用箭射他儿子，说："以前我和你是父子，从今以后咱们就是敌人了！"后来，京师陷落。唐军再去劝降，屈突通就投降了。投降之前，他下马向着东南方向磕头大哭，说："我已经尽了全力，可还是打败了，我对得起你皇帝了！"后来，唐太宗李世民命人在凌烟阁画二十四功臣像，屈突

故纸眉批

通的画像就是其中之一。屈突通当然是忠臣，不过他还有比普通忠臣更值得嘉许的地方，那就是他对"忠"的理解极其到位："我已经尽了全力……我对得起你皇帝了！"军人对自己的国家和君王尽了全力，这也就是尽忠了，至于他是不是去死，原本就不是衡量"忠"与"不忠"的唯一标准。

有关"忠"在价值观层面上引起的困惑至此已基本解决。汉武帝刘彻所理解的"忠"是狭隘的，偏颇的。他只知道战死疆场是"忠"，却不知道，临难不死在很多时候也是"忠"；他只知道前方将士的"以身殉职"会让君王"脸上有光"，却不愿意承认，在死亦于大局无补的情况下，选择不死是将士们天然的权利。一句话，"胜败乃兵家之常事"，在全力拼杀仍不能避免败局的情况下，将士们是选择死还是选择生，这应该是他们个人自由选择的事，别人无权再对他们的选择横加干涉。正是基于这种理念，现代的国际社会制定了战争法，不允许虐待战俘，战俘回国后也应得到足够的尊重。在伊拉克战争中，美国女兵杰西卡·林奇被俘，然后又被美国特种部队救出，她和她的家人受到了美国各界的关怀，她的传奇故事还被拍成了电影。我们不得不承认，这才是一种让人心生温暖的人道行为。拿它与汉武帝屠杀李陵全家的行为相比，二者高下立判。

要求军人为国尽忠没有任何的错误，但同时国家也必须珍惜将士的生命。当毅然决然地踏上战场的时候，将士已经将生死置之度外；当奋力拼杀的时候，他们已经为国家尽忠了。他们已经尽了全力，他们的付出已经足够。我们还有什么理由要求他们在战败之时必须马革裹尸、杀身成仁？

如果非要寻找理由，我认为理由只有一个：面子——专制独裁者的面子，以及似是而非的国家面子。为了自己面子上好看，就不惜让别人去做烈士，这实在是一件非常划算的事。所以，历代的专制独裁者都喜欢干这种事。汉武帝自然是希望李陵战死的，因为那样他就"很有面子"——"看，将士们是多么忠于我呀！"即使到了近代，和汉武帝刘彻的想法一致的人依然存在，蒋介石就是其中的一位。

李敖就说蒋介石有一个"文天祥情结"，就是总希望自己的将领学习文天祥，能以身殉国。1947年4月，蒋介石集合前方高级将领到南京受训，在开学典礼上，他明确要求军人应有杀身成仁的精神，一旦战败被俘，"只有自杀"才能解决这"人生最可耻的事情"。在淮海战役中，他更是时时处处暗示高级将领要以身殉职，"为党国尽忠"。宋希濂在自己的回忆录中谈到，他到淮海战场之前，蒋介石请他吃饭，饭后放映了一部《文天祥》的电影片，暗示宋希濂要学习文天祥，在关键的时刻杀身成仁。杜聿明是蒋介石的嫡系将领，在被派往前线之前，蒋介石"表情沉痛"地告诉他：这一战是生死存亡之战，"你放下枪，我脱军装！"师生之情溢于言表。有感于此，杜聿明在被围困之际拒绝投降，最后下令军队突围。以当时的战况而论，杜聿明的部队已被围困多日，粮食断绝，士兵只能杀掉战马吃马肉，马肉吃完了就只能吃草根、树皮，部队的战斗力已然丧失。仗打到这个分儿上，按说杜聿明已经为蒋介石"尽了全力"，对得起蒋介石了。可是，因为杜聿明最后仍然兵败被俘，被俘后又没有自杀，没有达到蒋介石所要求的杀身成仁的标准，所以，蒋介石就恶毒地对待杜聿明的家人以示惩罚，其思路与当年的汉武帝如出一辙。杜聿明的夫人曹秀清被蒋介石扣为人质，带到台湾，过着非常悲苦的生活。杜聿明的长子杜致仁在气愤之下自杀而死。幸好，杜夫人生了个优秀的女儿杜致礼，杜致礼嫁给了一个更优秀的人物——杨振宁。1957年，杨振宁和李政道一起获得了诺贝尔物理学奖。这个时候，蒋介石和宋美龄又对杜夫人一家大献殷勤，目的是通过杜夫人曹秀清劝说杨振宁回台湾，"为党国效力"。杜夫人将计就计，以劝说女婿杨振宁之名去了美国。通过女婿杨振宁，曹秀清与丈夫杜聿明取得了联系。后来经过周恩来总理的精心安排，曹秀清于1963年6月回到北京，和杜聿明夫妻团聚。

杜聿明一家当然要比李陵一家幸运一些，可是，在他们的对手一面，蒋介石对待部将及部将家人的做法，比汉武帝高明不了多少。在整体思路上，蒋介石和汉武帝是一脉相承的。历史跃进了两千多年，而蒋介石的思维还停留在汉武帝的水准上，这看似不可理喻，可实际情形就是如此。

其实，这也没什么不好理解的，因为蒋介石和汉武帝都是专制独裁者。专制独裁者从来就不惜以他人的苦难来做自己的精神面膜；专制独裁者从来就不惜以他人的尸骨来装饰自己的权力基座；专制独裁者从来就不惜牺牲他人的血肉之躯以成全所谓的忠孝牌位。我想，这便是破解李陵困局的最佳定律。

"时势造英雄"的反面

"时势造英雄"这句话为人熟知，其中的道理也不难理解：特定的历史条件常常会把某个人推到时代的风口浪尖，使之成为万众瞩目的"英雄"。不过，接下来就有一个问题：时势既然可以帮助某些人放大优点，使他们成长为一代英雄，那么，时势是不是也可以放大某些人的缺点，从而造成某些个人悲剧和历史悲剧呢？换一句话说，既然有"时势造英雄"的事例，那么有没有"时势毁英雄"或者"时势误人"的情形呢？

当然有。

我们先来读一首咏史诗："隋炀不幸为天子，安石可怜做相公。若使二人穷到老，一位名士一文雄。"这首诗中提到了两个历史人物：隋炀帝杨广和王安石。隋炀帝是历史上著名的荒淫皇帝，可是他才华出众，写过很多诗文，这些诗文收在《隋炀帝集》中，很得后人赞誉。唐太宗李世民曾感慨道："朕观《隋炀帝集》，文辞奥博，亦知是尧、舜而非桀、纣，然行事何其反也！"诗文之外，隋炀帝还能带兵打仗，他年轻的时候曾统帅50万大军平定南方。他的父亲隋文帝也承认，在建立隋朝帝业的过程中，杨广立下过汗马功劳。有这样的才学，成为一代名士显然是不成问题的。可惜的是，隋炀帝"不幸"当上了"天子"。杨广当了皇帝，行为完全不受制约，他人性中"恶"的一面便无限放大，自负演变到独断专行，奢侈发展到荒淫无度，好大喜功转化为穷兵黩武。隋朝的局势由此变得不可收拾。据说，晚年的时候，隋炀帝已经意识到了自己将被处死的命运。有一次，他照镜子，照过之后摸着自己的脖子说："我的这颗头颅这么漂亮，只是不知道谁来砍它呢？"到了这个时候，大概他才真正明白：自己根本就不是当皇帝的料儿。可惜悔之晚矣。

王安石的情况比较复杂。他可以说是中国历史上优秀士大夫的典范，他不仅文章写得好，而且堪称道德楷模。他心怀天下，勤勉有加，生活俭朴，在做基层官员时颇有政绩，就连他的政敌都佩服他在私德上的完美。也正因为有这么多的优点，所以宋神宗才选中他来主持改革大计。可是，王安石性格执拗，"原则性太强"，容不得不同意见。这点个性缺憾对一般人来说也没什么大不了的，但对于一朝"相公"来说就很致命。俗话说："宰相肚子里能撑船"，意思是说，主持全局工作的人必须有容人之量。你容不得别人，怎么能"团结众人"干好工作？因为执拗，王安石在主持变法大局时就听不进不同的意见，不但反对派的声音他不听，就连中间派的合理化建议他也认为是"噪音"，也在清除之列。这样做看似很有"气魄"，可实际上为变法运动的最终失败埋下了伏笔。更重要的是，王安石在变法期间排斥异己的做法播下了宋朝党争的种子。变法失败后，宋朝政治随即陷入到党争的泥潭之中，蜀党、洛党两派势力互相争斗，"安定团结"的政治局面不复存在。所以，后人才说"安石可怜做相公"。如果不是"时势"把王安石推到"相公"的位置上，那么，以他一代文豪加道德楷模的修为，他的历史形象近乎完美。可惜的是，"时势"把王安石推到了"相公"的位置上，而他主持的变法最后又失败了，所以，他不得不再接受一个悲壮的历史定位：失败的改革家。

如果说王安石的例子不够鲜明，那么我们再举一个明显的例子——慈禧太后。关于慈禧太后，人们普遍的认识是：这是一个骄奢、昏聩的统治者。这当然是不错的。可是，如果我们报以"历史之同情"，设身处地地想一想，可能就会发现这里面也有着"造化弄人"的成分。慈禧太后原本是一个普普通通的满族女子，她16岁入宫，懵懵懂懂地步入了险恶而奢华的皇宫。她26岁的时候丧夫，40岁的时候丧子。对女人来说，青年丧夫、中年丧子无论如何都是"重大的人生打击"，这样的遭遇足以令人同情。可是，很少有人同情慈禧太后。原因就是她后来统治中国近半个世纪，这期间作恶太多，人们只记得她的坏处，而把她的这些不幸遭遇给忽略了。再仔细分析，我们还会发现，慈禧太后之所以能统治中国近半个世纪，也是时势使然。到了咸丰时代，满族的八旗弟子早已失去了骁勇善战的雄风。满族男人大多从勇猛的战士变成了懦弱的花花公子，正是基于这样的"时势"，慈禧太后才有了控制朝政的机会。试想，如果努尔哈赤、皇太极、多尔衮之类的人物还在，大清朝的国事哪里轮得到小小的叶赫那拉氏置喙？皇太极不是就逼死过父亲努尔哈赤的妃子阿巴亥吗？前朝的妃子不被陷害就不错了，哪里还能控制朝政。可是到咸丰驾崩时，情况变了，大清国的皇族中已经没有像努尔哈赤、皇太极那样刚猛、决绝的男人了。所以，慈禧太后只要凭着皇后、皇太后的身份，凭着她在后宫积累的"叔嫂斗法"的手段，就可以"摆平"局势了。悲剧在于：历史给了慈禧太后统治中国的机会，却没有给她以足够的才能。一个没有足够才能的人长期占据着高位，表面上看，这是慈禧太后个人的幸运，可实际上这是我们整个国家的不幸。在慈禧太后的长期统治之下，中国一次又一次地割地赔款。因为慈禧太后个人的幸运与整个民族的不幸密切相关，所以，她最终仍然是不幸的——她一直被钉在历史的耻辱柱上，连本来值得同情的遭遇也往往被人忽略。

一句话，"时势造英雄"是一枚硬币，它有正面，也有反面，反面就是"时势毁英雄"或"时势误人"。当"时势"硬生生地把一个不合适的人推到高位的时候，这个人自己往往会觉得这是一个机遇，别人也会误以为这是时势"造"出来的又一个英雄，可实际上这常常是一出悲剧的开始。对于一个人来说，最大的悲剧就是去干不适合自己、自己也没能力去干好的事情。

历史的报复

中国民间有"遭报应"的说法，这里面当然有迷信的成分，但是"遭报应"的现象常常会在历史上出现，对此，我们有必要认真分析。有些"遭报应"的事纯属巧合，但更多时候，"遭报应"现象是含有历史发展的必然逻辑的。对于后一种情况，我们不妨称之为"历史的报复"。

不妨先从汉武帝刘彻说起。刘彻当上了大汉天子的时候只有16岁，还是个"未成年人"。当时，他的祖母窦太后尚在，而且威望颇高，对朝政影响甚大，所以汉武帝没法放开手脚做事。刘彻喜欢儒学，可窦太后信奉黄老之术，两人的"执政理念"不同，搞得汉武帝十分郁闷。祖母去世后，汉武帝终于可以按照自己的想法治理国家了，他接受董仲舒的建议，"罢黜百家，独尊儒术"，算是出了积压在胸中的恶气。不仅如此，他还处心积虑地预防"女主"和外戚专权。汉武帝有6个儿子。他和卫子夫所生的儿子叫刘据，曾经被立为太子。后来因奸臣挑拨，再加上汉武帝本人疑神疑鬼，把太子给逼反了。太子政变失败后，全家被杀。晚年的时候，汉武帝不得不重新选接班人。这时，他看好钩弋夫人的儿子刘弗陵，决定把帝位传给他。可是，他又担心"子少而母壮"，女主会"恣乱国家"，犹豫不决。最后，他想出一个办法：立刘弗陵为太子，同时处死了他的母亲钩弋夫人。汉武帝开创的这种做法叫"立子杀母"，其后一度被北魏所效法，成了一项"制度性"规定。由此可见，封建帝制是多么残酷，多么违反人性！

汉武帝之所以"立子杀母"，目的就是为了防止"女主"及外戚专权。但诡谲的是，纵观汉朝，外戚专权的现象极为严重。"吕氏乱汉"是有名的"女主"和外戚干政，但那是在汉武帝之前，我们姑且不说。就在汉武帝"立子杀母"之后，外戚专权的现象并未得到多大的改观。汉武帝死后，西汉的大权落到了外戚霍光的手中。霍光权倾一时之际，就连汉宣帝都不敢与他同车，因为汉宣帝知道自己的皇位是"霍大人"给的，倘若不小心，随时有被"废掉"的危险。再到后来，汉朝更有外戚王莽篡权之事。也就是说，汉武帝生前所极力预防的事情最后还是发生了。对此，若地下有知，不知汉武帝会作何感想。如果说这是历史对汉武帝残暴作风的一种报复，恐怕不算过分吧。

与汉朝相比，明朝的历史似乎更能说明问题。在建立了明朝之后，朱元璋杀害了一大批开国功臣。有人做作过统计，从洪武十三年（1380年）的"胡惟庸案"，到洪武二十三年（1390年）的"李善长案"，再到洪武二十六年（1393年）的"蓝玉案"，朱元璋的政治谋杀持续了十几年，被诛杀的文武功臣及家属有五万多人。可以说，朱元璋用功臣的鲜血诠释了什么叫"狡兔死，走狗烹"。这样残忍的杀戮当然会留下后遗症，这个后遗症便是：明朝的君臣关系从此就再也没有融洽过。明朝的绝大多数时间，君臣之间的关系都处于敌对的状态，皇帝动辄就"廷杖"大臣，大臣也看着皇帝不顺眼，不愿意为其效劳。弄到后来，正德皇帝忙着"游龙戏凤"，不理朝政；嘉靖皇帝忙于炼丹，不理朝政；万历皇帝主动"罢工"，不理朝政；天启皇帝忙着干木匠活，也不理朝政。

皇位最后传给了崇祯皇帝朱由检。朱由检倒是勤政，可惜，此时的大明王朝已病入膏肓、积重难返了。再加上崇祯皇帝也像他的祖先朱元璋一样，刻薄寡恩，滥杀功臣，这更加速了明朝的灭亡。最后崇祯皇帝不得不在亡国之际上吊自尽。自尽之前，他还发牢骚说："朕非亡国之君，臣皆亡国之臣"，"满朝文武皆可杀"，把亡国的责任推卸给了大臣。这说明，崇祯皇帝到死也是个糊涂鬼。他就不想想：如果自己真的英明无比，那么大臣怎么会都怨你、烦你、孤立你、背叛你？"满朝文武皆可杀"，就你自己天纵英明，"非亡国之君"，这样的逻辑如何能说得通？如果"臣皆亡国之臣"属实，那么，"君必亡国之君"无疑。只有这样，才能和"上梁不正下梁歪"的道理相吻合。实际上，崇祯皇帝徒有明君勤政、节俭的表象，而缺乏明君正确决策、知人善任、总揽全局的能力。他性格多疑、脾气暴躁、刚愎自用、急功近利。据统计，崇祯皇帝在位17年，期间担任过内阁大学士（相当于宰相、副宰相）的人居然有50位之多，后世称之为"崇祯五十相"，由此可见崇祯多么缺乏容人之量——内阁大学士这样的高官，他说换就换！其中，还有两个首席内阁大学士被他处死。而被他杀死的其他文武大臣就更多了，光总督、巡抚这一级的高官就有19人。崇祯十二年（1639年），因上一年发生的清军内犯之事，崇祯皇帝一次就杀掉文武官员36人，其中包括骁勇善战的总兵祖宽和精明强干的山东巡抚颜继祖。至于他在崇祯三年（1630年）杀害名将袁崇焕一事，因是著名的历史冤案，众人皆知，这里就不多说了。

纵观整个明朝，洪武皇帝朱元璋以大肆屠杀功臣为"朱氏"王朝开路，崇祯皇帝朱由检再以大批杀戮功臣的方式宣告退场，刀光血色之中，"君臣不睦"的坏传统一脉相承。崇祯皇帝上吊自尽之时，没有一个大臣陪着他殉国，这对大明王朝来说实在是一个绝佳的嘲讽。朱元璋杀戮功臣，是为了让"朱氏"坐稳江山；朱由检杀戮功臣，是为了挽救大明王朝。他们的理由看似很正当，可是，他们忘了，"成也萧何，败也萧何"，因血腥杀戮而坐稳的江山，最终会在血腥杀戮中断送。历史的报复在这里体现得淋漓尽致。

历史为什么会报复？如果简单地将其归结为"因果报应"，那显然有迷信之嫌，不能让人信服。我想，真正的道理或许是：一个原本自然生长的东西（比如自然生态、文化生态、社会生态等），突然被粗暴的政治力量强行介入，这时，它就会被迫变形，变得面目全非，变得不可掌控。这个变形后的东西会成为敌对力量，说不定什么时候就会对强行介入的势力作出致命的一击。这致命的一击便是历史对强权者的报复。当大权在握的时候，很多人会以为一切都在自己的掌控之下，所以肆无忌惮为所欲为，岂不知，"世界在本质上是不可控的"，"自以为是其他一切的主人的人，反而比其他一切更是奴隶。"

历史上的"好心办坏事"

美国汉学家史景迁教授在《王氏之死》一书中引用过这样一则事

例：山东郯城的陈太祯在1669年因病去世，他给妻子彭氏只留下了一片地、一间房和一头牛，还有一个叫陈连的儿子。彭氏在丈夫死后尽了自己的责任，送儿子陈连去读村塾。她的设想是自己辛苦守寡，把希望寄托在儿子身上，让儿子将来能成为读书人。可是，她的夫家亲戚不但不支持她，而且还欺负她，逼迫她改嫁。她儿子的三个堂兄陈国琳、陈国相和陈国连一同欺负这对孤儿寡母，陈国连牵走了彭氏的牛，陈国相闯进彭氏的屋子，试图将其赶走，而陈家的族长也不出面帮助彭氏。

夫家之所以欺负彭氏，目的就是想夺取她的财产。《大清律》中有这样一条规定："改嫁者，夫家财产及原有妆奁，并听前夫之家为主。"这条规定的原始用意是为了鼓励死去丈夫的女人守寡——若坚持守寡，可得到一定的经济补偿。可是，这条规定在实践中却起到了相反的作用，死去丈夫的女人若想守寡，通常是得不到夫家帮助的。夫家会欺负寡妇，目的就是逼迫她改嫁，然后从中获取物质利益。因为这恰好符合"改嫁者，夫家财产及原有妆奁，并听前夫之家为主"的法律规定。彭氏恰好成了这条法规的牺牲品。最后的结果是，为了抢夺彭氏的财产，陈国相、陈国连居然设计把彭氏的儿子陈连打死了。这样，彭氏没有了儿子，丈夫留下的遗产就被族长指定给了别人。

一项原本是保护守寡妇女权益的法律条文，在实践中却把寡妇害得家破人亡。初衷和结果严重背离，这看起来有点荒诞，可事实就是这样。只在立法观念上褒扬妇女的"守节"行为，而在现实生活中却没有与之配套的技术手段，那么，在一个弱肉强食的社会中，身为弱者的寡妇无力维护自己的权益也就不足为怪了。在中国，从来就有"好心办坏事"的情况发生，法律条文如此，一整套的改革措施有时也如此。

王安石变法是中国历史上非常著名的一场改革。在变法之初，改革的设计者和执行者王安石决心极大，他以惊人的勇气和难得的智慧发动了变法，力图实现富国强兵的理想。而国家的最高决策者宋神宗也给予王安石极大的支持，这种同舟共济、目标一致的君臣关系在历史上是少有的。而且，王安石推行变法不是一时的心血来潮。在全面推行之前，王安石在小范围内试验过变法的措施，取得了不错的成效。按说，有了上述条件，王安石变法应该取得成功才对，可实际的结果却恰好相反，王安石变法最终失败了。

就变法的主张和具体方案而言，王安石制定的青苗法、募役法、方田均税法、保甲法等改革措施的初衷都是好的。以"青苗法"为例，其目的是为了"摧兼并，济贫乏"，意在免除高利贷对农民的过度盘剥。具体做法是，每年青黄不接的时候，由官府向农民贷款，秋后连本带息一并偿还。利息低于地主对农民放贷的利息，农民承受得起。而农民之所借，本就是国家库存的余粮，以国家之余粮，解农民燃眉之急，于民有利；农民秋后返本还息，国家库存进一步增加，这不是两全其美的事嘛。可实际执行的结果却不是这样。国家规定的让农民受惠的低息贷款，在执行的过程中变成了官府垄断的高利贷。既然是垄断的高利贷，那么利息当然会越来越高，最后，利息之高，竟然达到规定利息的35倍！到这个时候，百姓深受"青苗法"之苦也就不足为怪了。

问题出在了哪里？就出在了推行变法的过程当中。为了推行变法新政，王安石给全国各地下达了放贷指标。为了完成和超过指标，地方官便层层摊派，摊派的过程中，为了自己的"政绩"，各级官员再层层加码，最后，普通百姓不得不"奉旨贷款，奉旨还息"。借贷还贷原本是一种普通的经济行为，可是官府插手之后，这事成了硬性的"政治任务"。更可怕的是，在"民"与"官"博弈的过程中，"民"必然处于弱势，受官府的盘剥在所难免。更何况，变法给了官府以合法的名义盘剥百姓的借口。这样，本来就善于权力寻租的各级官僚焉能不上下其手，以改革的名义行腐败之实。

"青苗法"如此，王安石的其他变法措施也大体如斯。所以，王安石的变法措施推行之后，不但司马光等朝廷重臣表示反对，而且普通百姓也深受其苦。仅山东东明县一地就有一千多人进京上访，聚集在王安石的住宅前，要求废除"新法"。可见，"新法"确实在一定程度上激化了矛盾，影响了稳定。有一个受过王安石提拔的叫郑侠的官员，他痛感变法举措在实践中给百姓造成的戕害，在熙宁七年（1074年）四月画了一张《流民图》，进呈皇帝，恳请废除"害民之法"，"延万姓垂死之命"。这一年大旱，郑侠在奏章中决绝地表示，如废除新法之后十日内仍不下雨，"请斩臣首于宣德门外，以正欺君之罪"。要知道，在中国历史上，封建士大夫普遍认为气候异常是与君王的作为有关系的，天灾是上天对君王不行仁政的一种警示和惩罚。在这种情况下，宋神宗不得不下诏，暂停青苗法。巧合的是，停止青苗法的诏书一下，天降大雨，困扰朝廷上下的旱情解除了。青苗法的废除引发了多米诺骨牌效应，其他变法措施相继被废止，轰轰烈烈的王安石变法就此偃旗息鼓。

反观王安石变法，其失败的原因不在于改革的初衷不好，也不在于改革家王安石本人缺乏魄力——王安石不乏魄力，而且道德操守有口皆碑。变法失败最根本的原因，在于帝国体制缺乏支持改革良性推进的技术手段。仍以"青苗法"为例，若有类似于现代银行这样的机构来经营放贷收贷之类的经济活动，官府和官僚退出"赛场"，只当好裁判和"守夜人"的角色，我想，王安石变法的结果肯定会大不一样。可见，办事情仅有好心是不够的，"好心"之外，我们还需要有能配合好心的技术手段。如果没有良好的技术手段来配合，一厢情愿的"好心"其实是最容易办坏事的。

"信使待遇"问题

　　王小波先生写过一篇有名的杂文《花剌子模信使问题》，这篇文章开头就说："中亚古国花剌子模有一古怪的风俗，凡是给君王带来好消息的信使，就会得到提升，给君王带来坏消息的人则会被送去喂老虎。于是将帅出征在外，凡麾下将士有功，就派他们给君王送好消息，以便他们得到提升；有罪，则派去送坏消息，顺便给国王的老虎送去食物。"我的这篇文章既然题目叫《"信使待遇"问题》，就要接着王小波先生的意思往下说。

　　我相信，王小波先生写《花剌子模信使问题》是有感而发的。他在文章中说："我和李银河从一九八九年开始一项社会学研究，首次发现中国存在着广泛的同性恋人群，并且有同性恋文化。当时以为这个现象很有意义，就把它报道出来，结果不但自己倒霉，还带累得一家社会学专业刊物受到了本市有关部门的警告。这还不算，还惊动了该刊一位顾问，连夜表示要不当顾问。""假设禁止我们出书，封闭有关社会杂志，就可以使中国不再出现同性恋问题，这些措施就有道理。但同性恋倾向是遗传的，封刊物解决不了问题，所以这些措施一点道理都没有。值得庆幸的是，北京动物园的老虎当时不缺肉吃。"

我写此文也是有感而发的。我是个新闻工作者，引起我发感慨的便是一个新闻事件——韩国黄禹锡造假。韩国黄禹锡学术造假事件在2005年的下半年闹得沸沸扬扬，中国人对此事很关注，也写了不少评论文章。不过，这其中有一个细节很耐人寻味。黄禹锡造假事件最初是由韩国的一家电视台（MBC）报道出来的。这家电视台采访了与黄禹锡合作的美国匹兹堡大学的有关机构，拿到了黄禹锡涉嫌学术造假的若干证据。可是，当这家电视台将自己的采访所得公之于众的时候，它得到的不是喝彩声，而是讨伐声——从韩国政府到韩国民众一致声讨这家电视台，说它污蔑韩国的"民族英雄"黄禹锡。韩国民众上街游行，支持黄禹锡，声讨MBC，在强大的社会压力下，MBC不得不出面道歉。值得庆幸的是，不久，黄禹锡学术造假事件被证实了。MBC由此才逃过一劫。

我的问题的是：韩国MBC报道的是真相，为什么还会惹得民众如此不满？真实是新闻的生命，媒体报道了真相，这是天经地义的事，为什么还要承担如此巨大的风险？作为学者，王小波、李银河研究同性恋问题无可厚非，而且同性恋人群和同性恋文化确实存在，为什么他们在当时也要遭受打压？这样的追问，一下子就涉及到了"信使"（从某种意义上讲，媒体也好，学者也罢，都是整个社会的信使）"报喜"还是"报忧"的问题。如果明确了"报喜得喜，报忧得忧"的原则，那无疑等于承认了自己是花剌子模国君王，而我们的社会就是花剌子模国的翻版。

这会让所有的人沮丧。因为我们知道，那个花剌子模国已经被成吉思汗的大军灭掉了。我们要构建和谐社会，不想重蹈花剌子模国的后尘，所以，我们对"信使"的要求是：报真不报假。这一点，在理论上没有任何问题，问题出现在实践中。在实践中，"报喜不报忧"成了许多"信使"心照不宣的"秘笈"。在这一"秘笈"的指导下，很多揭露性报道胎死腹中，很多批评性文章难见天日。王小波、李银河发表关于同性恋研究论文的遭遇不过是"花剌子模信使问题"之一例，凡是有过媒体工作经验的人，或者是关注过新闻媒体的人，几乎都可以举出若干类似的例子。

为什么会这样？王小波先生在他的文章中没有回答。倒是胡适和雷震的一段谈话有助于我们解答这个问题——起码我是这样认为的。

1949年以后，蒋介石逃到台湾。在相当长的一段时间里，台湾国民党提出了"反攻大陆"的口号，并以此为借口实行专制统治。为了加强对报刊的控制，国民党台湾当局除了作出"限证""限张""限印"的"报禁"规定外，还以触犯刑律为由对一些报刊和报人进行制裁。这期间最著名的就是《自由中国》案。《自由中国》创刊于1950年7月，最初的发行人是胡适（后来胡适退出），实际上由雷震主持。在雷震的主持下，《自由中国》发表了不少反对军队党化，反对成立"中国青年反共救国团"和反对特务统治的社论，主张"建立自由民主的社会"和"使整个中华民国成为自由的中国"。因为这个刊物反映了一部分自由主义知识分子的观点，所以在知识分子阶层有着较好的口碑。1960年初，雷震一方面准备另组新党以对抗专制的国民党，另一方面又在《自由中国》上发表《反共不是黑暗统治的护符》《蒋总统如何向历史交代》等社论，指责国民党专权，反对蒋介石连任第三任总统。雷震的文章引起了国民党当局的忌恨，被扣上了"倡导反攻无望""为共匪作统战宣传"等罪名，雷震本人也于1960年9月被抓起来关了十年。

李敖先生讲，在被抓以前，雷震就跟胡适有过一段谈话。雷震讲：胡先生，我们回不去大陆了，这不是真的吗？为什么讲了真话，别人还误会我们？怎么会发生这个现象呢？难道不许我们讲真话吗？

胡适就说：你们办的杂志讲了真话，这没有错；台湾这批人回不去大陆了，这也是事实。可是你不要忘记，想回大陆是很多人的一个梦。由于你雷震，由于你办的《自由中国》杂志，你把这个梦给摧毁了。因为你摧毁了别人的梦，所以他们就要把你抓起来。

胡适不愧为思想大师，话一下子就说到了点子上。"因为你摧毁了别人的梦，所以他们就要把你抓起来。""花剌子模信使问题"至此应该有个合适的解释了。因为你MBC摧毁了韩国人让黄禹锡这个"民族英雄"拿诺贝尔奖的梦想，所以，一些韩国民众就要声讨你MBC；因为你雷震摧毁了蒋介石"反攻大陆"的梦想，所以蒋介石就要把你雷震给关起来；因为王小波、李银河摧毁了有些人认为的"社会主义国家没有同性恋人群"的梦想（教条），所以，这些人就要打压你王小波、李银河。

对专制暴君和愚昧民众（专制暴君和愚昧民众天生就是好搭档）来说，他们根本上都是不讲道理的家伙，他们信奉的只有慈禧太后的那句话："谁叫我一时不痛快，我就叫谁一辈子不痛快！"你"信使"报的信打碎了我的美梦，让我不痛快了，那你就要倒霉！——至于你报的到底是真还是假，那是无暇顾及的。在这种情况下，"信使"们采用"报喜不报忧"的做法显然最符合市场经济的经营理念——风险极小而收益极大。我报的是"喜",如果它恰好又是真的,那于公于私都是美事,好处自然是大大的;我报的是"喜",如果被识破它是假的,那也还可以用"出发点是好的"的来搪塞,怎么说也不会被喂老虎。可是,如果你奉行的是报"真"原则,一旦赶上一个坏消息,那你就随时都会"摧毁别人的梦",都会被"抓起来",甚至还要被喂老虎。

多年来,我们一直在呼吁:要加强舆论监督。这自然是不错的。但是,舆论监督问题说到底还要面临一个"信使待遇"的问题。我敢说,只有"信使"们不再有"被喂老虎"的危险,舆论监督的作用才能最充分地发挥出来;只有"信使"们拥有了"免于恐惧的自由",我们的社会才能实现真正的和谐。

"尤金娜现象"

尤金娜(1899~1970)是20世纪最杰出的钢琴家之一,曾被誉为"苏联钢琴学派中的古尔德"。除了在音乐领域有天才的造诣外,尤金娜还有一副铮铮傲骨,在风雨如晦的专制气氛下,她勇敢地站出来,在一次音乐会上朗诵帕斯捷尔纳克的诗。不仅如此,她还敢于冒着杀头的危险致函斯大林,批评其独裁做法。斯大林当然不喜欢被别人批判,但是他却没有对尤金娜"动手",或许是因为他的良心发现,或许是因为他太喜欢尤金娜演奏的钢琴曲了。

著名的音乐家肖斯塔科维奇在他口述的《见证》一书中回忆了尤金

娜写信批评斯大林一事。斯大林偶尔在广播里听到了尤金娜演奏的莫扎特《第二十三钢琴协奏曲》，很喜欢，于是打电话到电台索要。但是电台并没有这首乐曲的唱片，他们不过是实况转播了一场音乐会而已。可是他们不敢向斯大林说出真实情况，于是只得连夜召集尤金娜和乐队为斯大林"特别录制"。当时，除尤金娜之外的人都被吓坏了，指挥根本无法工作，连换了三位指挥才把这张唱片录完。不久，尤金娜收到了一个装有两万卢布的袋子。有人告诉她，这是在斯大林的明确指示下送来的酬金。尤金娜不但不对斯大林的赏识表示感激，而且还写信把斯大林给臭骂了一顿。她在信中说："我将日夜为你祈祷，求主原谅你在人民和祖国面前犯下的大罪。"据说，等斯大林读到这封信的时候，有关部门把逮捕尤金娜的命令都拟好了，只要斯大林"稍微皱一下眉头"，他们就能叫尤金娜"消失得无影无踪"。可是，"斯大林一言不发，默默地把信放在一边……尤金娜什么事也没有。"更有趣的是，当后来斯大林被发现已经死在他的别墅里的时候，唱片机上放着的正是尤金娜演奏的莫扎特钢琴协奏曲。

在当时的苏联，尤金娜能有如此表现，显然是非常令人敬佩的。谁也不能否认这一点。肖斯塔科维奇和尤金娜都是不满斯大林的音乐家，按说这两个人应该"臭味相投"才对。可是，在《见证》一书中，肖斯塔科维奇又表达了他对尤金娜的种种不满："我为尤金娜感到难过。她是个出色的音乐家，但我们从来没有成为亲密的朋友，因为不可能。"不可能的原因是什么呢？是因为尤金娜的理想主义色彩或者说是宗教色彩太浓了。"水至清则无鱼，人至察则无徒"，尤金娜便是如此，她执著于自己的信仰，她的善良、正派、勇敢和虔诚都锋芒毕露，这就使得她与世俗社会有相当的距离。甚至在肖斯塔科维奇看来，尤金娜的种种做法也"未免乖张"："只要受一点点的刺激，尤金娜就会跪下来或者吻人的手……我也不喜欢她的衣着，像道袍。""尤金娜总是对我说：'你离上帝很远。你一定要靠近上帝。'"用中国的俗话说，就是尤金娜太清高了，她不仅要自己有坚定的信仰和良好的道德操守，而且还有意无意地以己度人，用同样的"高标准、严要求"来规范周围的人。这显然会让很多人不舒服。从本质上讲，道德也好，理想也罢，都应该是内敛的，而非张扬的，更非扩张的。它们是用来自律的，而不是他律的。过于扩张的道德理想总是与现实世界格格不入，因为理想都是完美的，而现实则总是有缺憾的，道德总是纯洁的，而生活却充满了杂质。所以，像尤金娜一样的道德理想主义者的人生总是充满了悲剧色彩，既然他们不愿或不肯忍受庸俗的现实生活，那么，世俗社会也就看不惯他们的清高、道统或者狂狷，认为他们"脱离现实"。

　　作为具体的人，过于清高、脱离现实自然是不好的。但是，在特定的时期，不肯妥协，甚至是以清高至"乖张"的方式来表达对现实的不满则恰恰是一种勇敢的行为。中国历史上也有一大批这样的人。魏晋时期的竹林七贤显然是"狂狷之士"，而明朝的东林党人则是一群道德理想主义者。读明史，我一度感觉东林党人有点"迂"，甚至可以说"在政治上很不成熟"。在魏忠贤上台之前，东林党人一度得势。但是，他们并没能拯救大明帝国。他们只懂得捍卫儒家道德，而没有足够的治国之术。他们根本就不知道，在颓废的晚明，道德的力量其实是极其有限的——道德的功能本来就是锦上添花，而非雪中送炭。从这个意义上说，东林党人是不识时务的，他们明明知道天启皇帝还是个孩子，却非要用"圣君"的标准来苛求他；明明知道天启皇帝只喜欢干木匠活儿，不爱管朝政，可他们还是一遍又一遍地给皇帝上折子；明明知道大臣们给皇帝的折子最终都要落到太监魏忠贤的手里，可他们还要一而再再而三地弹劾魏忠贤。他们有的是完美的政治理想和为了理想宁折不弯的斗争精神，可是却缺乏与斗争精神相配套的实用的"斗争策略"。这样的一伙儿人，怎么能不遭到心狠手辣的魏忠贤的暗算？

但是又不得不说，恰恰是由于东林党人的存在，才让人感觉到了颓废的晚明还残存一丝正义，还不至于让人太绝望。东林党人得势的时候，晚明的局面固然没有被拯救，但是，东林党人被魏忠贤清洗之后，晚明的局面就更加不堪。

或许，这就是道德理想主义者最重要的意义。他们几乎注定是作为社会的批判者而存在的。他们是一面镜子，通过他们，我们可以看到自身和现实的种种缺憾；他们是一个标杆，通过他们，我们永远可以找到努力的方向；他们或许清高，他们或许狂狷，他们或许会让许多人感到不舒服，但是，如果没有了这样的人，那么所有的人就都会堕落为奔竞之士、宵小之徒，而整个社会就会成为争名逐利的角斗场。

一句话，"尤金娜"们是有操守的，一个正常的社会必须要有容纳"尤金娜"们的气量——即便他们也有种种不足。虽然有了"尤金娜"们，人们也不会感觉到是生活在天堂，但是若没了"尤金娜"们，人们一定会感觉到像生活在地狱中！

野鸭逻辑与道德整肃症

一

　　动物管理局为了动物的全面发展，将小兔子送进游泳培训班，同班的还有小狗、小龟和小松鼠等。小狗、小龟学会游泳，又多了一种本领，心里很高兴；小兔子和小松鼠花了好长时间都没学会，很苦恼。培训班教练野鸭说："我两条腿都能游，你们四条腿还不能游？成功的90%来自汗水。"这是2009年全国高考作文的素材，野鸭的论调我们听起来十分耳熟，现实生活中虽然不会出现硬逼着兔子和松鼠学游泳的事，但确有一些领导爱用"责任心不强、付出的汗水不够"之类的大道理教训别人。这些大道理看似正确，实则暴露了训人者缺乏智慧、粗枝大叶的毛病。他们解决不了相应的"技术问题"，就拿道德说事，企图通过道德整肃，让别人多付出汗水。这种人其实是患了"道德整肃症"的，他们认为，"道德整肃"是一剂包治百病的药方，只要使出此招，一切问题都能迎刃而解了。可实际上，道德的作用从来都是有限的，就像汗水的作用是有限的一样（兔子付出的汗水再多，恐怕也学不会游泳）。

二

　　为什么总有人偏爱"道德整肃"的法子，王小波讲的"傻大姐钉扣子"的故事或许会给我们一些启示。邻居家的"傻大姐"学过很多技能，都没有学会，唯一学会的就是钉扣子。学会之后每天都在钉扣子，且逢人就喊："我会钉扣子！"王小波说，傻大姐是个知识放大器，她学东西极难，故学到一点点东西就四处炫耀，洋洋得意。

患道德整肃症的人与傻大姐有异曲同工之处，他们是道德放大器，认为道德可以包治百病，包打天下，所以，遇到问题就挥动道德大棒教训别人。自然，遇事讲道德显然比进行自我反思、改进工作方法要容易得多——学科学、学管理、学艺术都需要智慧，而以道德整肃别人不需要智慧，只要学会抢占道德制高点即可（而且只要口头上抢占即可）。

黄仁宇先生在《赫逊河畔谈中国历史》一书中也反复申明：在历史上，统治者若干次地面临着"技术问题"，即如何通过"制度创新"来给国家注入新的活力。可惜的是，面对内忧外患的局面，统治者缺乏足够的智慧。他们解决不了"技术问题"，就揪住道德做文章，企图通过对民众实施道德教化来转移社会矛盾。

12世纪至13世纪的宋朝就是这样。一个庞大而没有特长的官僚机构根本就掌握不了一个日趋繁复的社会，在财政紊乱已经非常严重的情况下，统治者特别需要破除成规，以新的制度设计和技术手段来应对新的问题。可惜的是，即便是像朱熹这样的"高人"也不强调"技术问题"，反倒要在半是道德半是哲学的领域里下起了工夫，搞出了个"理学"。这诚可谓"历史的误会"！

三

很多独裁者都患有"道德整肃症"，蒋介石就是其中的一个。

1934年2月19日，蒋介石在南昌发表了题为《新生活运动之要义》的演讲，宣布"新生活运动"开始。随后，"新生活运动促进会"在南昌成立，蒋自任会长，后改组为"新生活运动促进总会"，宋美龄任妇女委员会指导长。"新生活运动"企图重整道德，改变社会风气。蒋氏夫妇倡导：一、以礼、义、廉、耻为基本准则，教育百姓要讲究秩序，服从管理，不犯上作乱；二、从改造国民的日常生活做起，规定了若干生活细节。如要拔上鞋跟，扣齐纽扣，走路要胸部挺起，邻里要和睦等；三、以整齐、清洁、简单、朴素、迅速、确实为标准，在"一个政府、一个主义、一个领袖"之下，绝对统一，绝对团结，绝对服从命令；四、以生活艺术化、生产化、军事化（特别是军事化）为目标，准备随时"为国捐躯""尽忠报国"。光从字面上看，"新生活运动"的主张似乎也可以接受，可问题的关键就在于，蒋氏夫妇要用封建的伦理纲常来控制人民的思想、言论和行动，用对民众生活细节的要求来转移人民对政治腐败、军事无能、财政危机、思想文化钳制的不满。

当时的蒋介石政府所出现的贪污腐败、军事无能、财政危机等问题是体制性的，它们需要通过"制度创新"再辅以先进的"技术手段"才有望解决。体制出现了毛病却用道德来医治，实在是开错了药方。更关键的是，它违反了人们追求自由的天性，这一点，倒是跟兔子学游泳有异曲同工之处。

既然蒋氏夫妇发起的"新生活运动"根本无法收到社会实效，所以只好靠形式主义来维持门面。但是，过多的形式主义愈加使人们看透了国民党自欺欺人的虚伪本质，愈加使人民厌倦所谓的"新生活运动"。

到了最后，"新生活运动"变成了一场全国性的笑话。外交家顾维钧的第三任妻子黄蕙兰在其回忆录中说，中国驻外人员常有外遇而导致婚变，故在抗战前的外交界戏称"新生活运动"(New Life Movement)为"新妻子运动"(New Wife Movement)。

蒋介石、宋美龄夫妇最初也是把"新生活运动"当做"一件大事"来抓的。他们的用心不可谓不良苦，他们花费的气力也不可谓不大，可是，由于他们倡导这个活动在总体思路上是错误的，所以注定要失败。

通过"新生活运动"，我们可以得出这样一个较普遍的规律：当统治者、管理者无能，不能在"制度创新"和"技术手段"上有所作为的时候，他们就会抓住"道德"这根最后的救命稻草，以为凭借"道德教化"这一手棋就可以"挽狂澜于既倒"了。其实，这是极其愚蠢的。对一个社会而言，道德的功能从来就是"锦上添花"而非"雪中送炭"。面对体制缺欠、吏治腐败、技术落后等导致的社会矛盾和社会问题，道德是无力拯救的。企图通过"道德整肃"，"一揽子"解决纷繁复杂的体制性、技术性难题，那简直是痴人说梦。

亲亲相隐与免证特权

2009年8月3日，歌手满文军的妻子李俐涉嫌容留他人吸毒案在北京朝阳法院开庭，在庭审过程中，李俐坚持不肯承认自己吸食过K粉，当检察官宣读完满文军揭发妻子的证言后，李俐痛骂老公说谎。事后，网上亦出现了批评满文军"无情"的言论。

就中国现在的法律而言，满文军的做法不但没有过错，反而还有可嘉许之处，属于"大义灭亲"之举。可是，为什么还有人不认可满文军的做法呢？这就涉及法律与亲情之间的微妙关系。现代社会是法治社会，这是一大进步，但是，法治社会是不是一定要"法律通吃"（甚至为此不惜伤害亲情）？这个问题，是可以讨论而且也应该讨论的。

讨论这个问题有两个参照系。其一是中国古代法律；其二是现代西方国家的法律。

先说中国古代法律。中国古代法律的一个鲜明特色就是"礼法合一"，这是儒家和法家两种思想相互竞争、相互影响的结果。儒家虽然主张道德教化，但却不排斥法律，汉以后的儒者已不反对用法律来作为治理国家的工具。于是，他们把握立法和执法的机会，把"礼"的原则和精神渗透到法律之中，从而达到了"以礼入法"的目的，最后，儒家的礼（道德）所容许的，即法律所容许的，儒家道德所禁止的，即法律所禁止的。

儒家是重视亲情的，所以儒家化的古代法律向来不鼓励"大义灭亲"，而是提倡"亲亲相隐"。只要不是谋反、谋大逆的罪，亲人之间就不能告发，而且还可以免于作证。儿子不可以告老爹有罪，亦不可为老爹有罪作证，妻子不可告丈夫有罪，亦不可为丈夫有罪作证，反之亦然。这条原则叫"容隐"。

"容隐"原则在中国法律史上是一个很有趣的现象。按说，百姓有违法行为，从国家和法律的立场来看，自应鼓励其他人告发，可是儒家思想却不这么看。在法律公正与亲情伦理之间，儒家宁为合乎亲情伦理而委屈法律，而不愿以法律的名义摧毁亲情伦理。所以，儒家从来就反对"其父攘羊而子证之"的做法，而提倡"父为子隐，子为父隐"。

基于捍卫伦理亲情的考虑，中国历朝历代的法律都贯彻了"容隐"的原则。汉宣帝曾特为此事下诏书："父子之亲，夫妇之道，天性也，虽有祸患犹蒙死而存之，诚爱结于心，仁厚之至也，岂能违之哉！自今，子首匿父母，妻匿夫，孙匿大父母，皆勿坐；其父母匿子，夫匿妻，大父母匿孙，罪殊死，皆上请，廷尉以闻。"

唐以后的法律，容隐的范围进一步扩大，不但直系亲属和配偶可以"相隐"，只要是居住在一起的亲属均可援用此律。此后，容隐的范围继续扩大，至明清时，不但同族同姓的亲属可"相隐"，外族亲戚（如岳父、岳母及女婿等）亦可"相隐"。

法律上既然禁止亲属相互告发，同时也就不要求亲属在法庭上作证人。反过来，若某人不为亲属匿罪，反而自动告发，那就是挑战了法律的"容隐"原则，反而会受到法律的严厉制裁。子孙若主动告发父母，在北魏时要被判处死刑，唐宋时要处以绞刑。元朝是蒙古人入主中原，但他们同样继承了"容隐"的原则，元英宗时，斡鲁思告发其父母、驸马许纳子速怯告发其父，事发后，帝曰："人子事亲，有隐无犯，今有过不谏，复讦于官，岂人子之所为！"命斩之。由此可见古代法律对"容隐"原则的极力捍卫。

中国古代的法律总的来说是粗糙的，但是，我对它始终贯彻的"容隐"原则深表认同，因为它充分地考虑了人之常情。法律公正十分重要，这一点毋庸置疑。但是，在社会生活中，确实存在着比单纯地"将犯罪分子绳之以法"更高的价值。源于血缘和亲情之上的信任关系始终是达成人际和谐，进而实现社会"安定团结"的基础，它的社会价值比远比单纯的"破案"高得多。如果我们不顾及最基本的伦理亲情，在司法活动中摧毁夫妻、父子之间最天然的信任关系，搞得夫妻反目、父子成仇，那么，我们司法个案上的成功极有可能导致社会信任危机和社会伦理溃退，结果是得不偿失。

在这方面，日本的做法堪称前车之鉴。二战后，日本经济经历了一个迅速发展的时期，期间，日本家族企业亦出现偷税、漏税的现象。为了打击经济犯罪，日本曾出台政策，以重奖鼓励经济举报。重奖之下，儿子举报爸爸偷税、老婆举报老公漏税的案例不断出现。这一现象引起了日本社会学家和法律学家的高度重视，他们讨论后认为，必须制止亲人之间相互举报的行为。如果听任这种现象发生，那么"国家在经济上所得到的收益远远不能弥补道德沦丧所造成的社会损失"。最后，鼓励亲人之间举报的做法被叫停了。

此外，就现在的许多国家而言，法律上亦规定近亲属有"免证特权"。如《美国联邦证据规则》规定，公民"有不做对配偶不利的证言的特权"，日本法律亦有这种规定，并将范围扩展到了"曾经的配偶"（如前夫、前妻），德国则将夫妻间的免证特权推广到了订婚人之间。

无论是中国古代的"容隐"原则，还是现代西方国家法律规定的亲属"免证特权"，如果仅从表面上看，难免会给人以"法律面前，证人不甚平等"之嫌，但是，这些规定却保护了人类最天然的血缘亲情，免除了知情者在亲情与法律之间的两难选择，关闭了亲属之间相互出卖的通道。这才是对人性和人权的真正尊重。

93

皇帝翻脸为哪般

马克思曾经说过，历史总是惊人地相似。就中国而言，每个封建王朝几乎都要经历从开国到治理，再到衰败，然后被推翻的过程。这种相似，体现的大概就是通常所说的"历史规律"吧。除此之外，一些具体的历史事件之间也充满了有趣的相似性，比如我们今天要说的"皇帝翻脸"现象。

第一个要说的是万历皇帝跟改革家张居正翻脸的故事。对于万历皇帝朱翊钧，人们对他最深的印象就是懒惰。他当了48年的皇帝，在后期竟连续20多年不上朝，不处理政事。朝廷的好多官位出现了空缺，他理都不理，照样在后宫里吃喝玩乐。可是，如果据此认为万历皇帝是个办事拖拖拉拉、只知道混日子的主儿，那你可就大错特错了。万历皇帝虽然在治理国家上"消极怠工"，可是他在"翻脸不认人"方面却表现绝佳，很"讲效率"。

万历皇帝登基的时候只有10岁，还是个孩子，无法处理政事。这样，大明帝国的权力就落在了首辅张居正的手上。当时，张居正不仅是内阁首辅，而且还是万历皇帝的老师。以公论之，张居正是万历皇帝倚重的第一大臣；以私而论，张居正是万历皇帝名副其实的老师。君臣之情加师生之谊，使得万历皇帝对张居正言听计从，万分倚仗。有一件事很能说明这一点。万历五年，张居正的父亲在湖北江陵老家去世。按照封建时代的礼俗，父母去世，做官的为了表达孝心，应该辞去官职，回家守孝27个月，谓之"丁忧守制"。可是，当时张居正主持的改革事业恰好到了"攻坚阶段"，张居正的离职"丁忧"很有可能使改革事业半途而废。所以，万历皇帝就下诏"夺情"，以现在处于非常时期、国事离不开张居正为由不准其"丁忧守制"，让他继续在朝廷处理政务。此事引来了众多朝臣的批评，试想，在一个宣称"以孝治天下"的国度里，皇帝和首辅居然合伙破坏"丁忧守制"的礼俗，这成何体统。对于大臣们的批评，万历皇帝和张居正一律用"廷杖"来回答——谁提不同的意见就打谁的屁股，然后再将其"流放"。不仅如此，万历皇帝还让"戴孝之身"的张居正参加自己的婚礼，以显示他对老师的信任和仰仗。这还不算完，更过分的还在后头。

皇帝的大婚之后，张居正于万历六年三月回湖北江陵老家葬父。临走之前，皇帝和太后就反复叮嘱，让张首辅早日归来，国事离不开他。当时的张居正既是首辅又是帝师，权倾一时，此次回乡葬父，沿途的地方官员极力巴结，所以一路上的"排场"十分显赫。回到家乡之后，一日之内又收到皇帝的三道诏书，催促他早日回京，处理政事。这更加显示了张居正在皇帝心中不可或缺的地位。湖广的官员也以为这是一种无上的光荣，特地为张居正建造"三诏亭"以资纪念。面对这样的恩宠，张居正本人都感到不对劲儿。他在给当地官员的信中写下了一段意味深长的话："作三诏亭，意甚厚，但异日，时异事殊，高台倾，曲沼平，吾居且不能有，此不过五里铺上一接官亭耳，乌睹所谓三诏哉？盖骑虎之势自难中下，所以霍光、宇文护终于不免。"意思是说，一旦形势变化，自己倒台了，就会连住所都会成问题，三诏亭又有什么意义呢。

张居正的忧虑不幸言中。万历十年六月，张居正去世。当时，万历皇帝还给张居正以极高的评价，谥号"文忠"，赠上柱国，并且辍

故纸眉批

朝一日表示哀悼。可是几个月之后，万历皇帝就翻脸了，他以"专权乱政、罔上负恩"之名对张居正"断棺戮尸"，张府也受到了残酷的查抄。在查抄张府时，原来极力巴结张家的地方官员争相立功，提前十几天就把张家的大门给封了。等钦差来到，打开大门一看，张家已经饿死了十几口人，其中有好几个儿童。张居正的长子张敬修不堪凌辱，自缢身亡。自杀之前，张敬修留下遗书，讲述张府被查抄时的惨状，感慨道："天道无知，似失好生之德；人心难测，罔恤尽瘁之忠。"其实，造成张家悲剧的罪魁祸首，哪里是什么"天道""人心"，分明就是万历皇帝朱翊钧！若没有万历皇帝的翻脸之举，谁敢动"帝师"家的一草一木。

张居正是明朝最有名的改革家，史书上称他"勇敢任事，豪杰自许"，既有敢为天下先的气魄，也有足够的政治手腕，是少有的政治强人。面对国库空虚、人民负担日益加重的严峻现实，张居正果断地实施改革，推行"清丈法"和"一条鞭法"，全面清查全国土地，抑制土地兼并，在减轻农民负担的同时，增加了国库收入。为改变官僚系统互相推诿、扯皮低效的弊端，张居正还推行"考成法"，加强对官僚的监督，提高行政效率。实事求是地讲，张居正尽管有过于激进、听不得不同意见、私生活不检点等缺点，但他主持的改革还是取得了显著的成效。经过十年改革，张居正基本止住了大明帝国江河日下的颓势，创下了万历初年的中兴之局。这样的人，显然是大明帝国的功臣。万历皇帝也一再承认张居正是自己的恩师，是帝国的柱石。可是，自古帝王多薄恩，万历皇帝还是翻脸了，而且"翻脸不认人"的程度比普通百姓要严酷得多，诚可谓"皇帝一翻脸，后果很严重"。

皇帝翻脸的故事当然会有翻版。到了清朝，故事的主角换成了雍正皇帝和年羹尧。年羹尧原本是雍正的家奴，后来得到了提拔。雍正元年，年羹尧率领大军平定了西北地区罗卜藏丹津的叛乱，由此，他成了雍正初年的社稷重臣。一时间，雍正皇帝几乎把年羹尧捧上了天，一年之内，年羹尧的爵位实现了三级跳，官至一等公，位极人臣？在用人方面，雍正皇帝给予年羹尧极大的权力。在川陕，"文官自督抚以至州县，武官自提镇以至千把"，其升迁降革均由年羹尧一人决定。在生活上，年羹尧及其妻子生病，雍正皇帝都再三垂询，并赐给药品。在两人的书信来往中，雍正皇帝更是信誓旦旦，极力表达他对年羹尧的信赖。他说："从来君臣之遇合，私意相得者有之，但未必得如我二人者。"他甚至还发誓说："朕此生若负了你，从开辟以来未有如朕之负心之人也。"可是，就在这些肉麻的话语犹在耳边之际，雍正皇帝就翻脸了。雍正二年十二月，雍正就在奏折上"敲打"年羹尧："凡人臣图功易，成功难；成功易，守功难；守功易，终功难。为君者，施恩易，当恩难；当恩易，保恩难；保恩易，全恩难。若倚功造过，必致返恩为仇，此从来人情常有者。" 到了雍正三年，他开始有计划有步骤地"清算"年羹尧，先给别的官员打招呼，让他们疏远年羹尧，继而一步步地将年羹尧从一等公贬为庶民，最后干脆将其"赐死"。

当然，皇帝翻脸总是有些理由的。张居正也好，年羹尧也罢，他们在位极人臣、权倾一时之际都飞扬跋扈，不可一世。张居正虽然是历史上有名的改革家，但他也贪污腐败，还好色，"内宠众多"。年羹尧的情况也大体如此。这些确实是他们的罪状，所以，张居正和年羹尧的被

故纸眉批

清算也算不上"冤枉"——谁让你们当初搞腐败呢。可是，我们也可从另一个角度追问：权臣的飞扬跋扈与贪污腐败，难道就与皇帝过分的恩宠一点关系都没有吗？显然不是。我们甚至可以说，正因为有了皇帝的过分恩宠，所以他们才有了飞扬跋扈的胆量和贪污腐败的机会。再者，在封建时代，在"人治"的官场，没有几个官员能彻底地做到清正廉洁。所以，权臣恃宠而骄、贪污腐败才是常态，反之才算反常。可是，皇帝不理这一套。因为皇帝拥有绝对的权力，所以他们对大臣的处理也就充满了极大的偶然性。既然他信任你依仗你的时候可以给你以无限的恩宠，那么他就可以在忌恨你讨厌你的时候无情地打击你，直至剥夺你的一切。这大概才是皇帝变脸迅速的真正理由吧！

"诏狱系统"与意图伦理

"诏狱系统"是柏杨先生在《中国人史纲》一书中提出的概念。柏杨先生解读司马迁的冤狱，说司马迁遭遇的就是典型的"诏狱"。汉武帝已决心屠戮李陵的全族，而司马迁还"不识时务"地赞扬李陵。司马迁的见解和汉武帝的心思发生了抵牾，司马迁就要被下狱治罪。柏杨先生对"诏狱"的解释是："诏狱法庭的特征就是，犯法与犯罪无关，法官的唯一任务就是运用法律条文编造一个符合上级头目旨意的判决书。"对诏狱系统制造冤狱的能力，柏杨先生也有深刻的认识，他说："司马迁不过一个中级官员而已，即令最高级官员，只要陷进诏狱系统，都不能自保。像削平七国之乱、拯救西汉王朝的救星、后来担任宰相的周亚夫，他的儿子曾购买一些纸糊的刀枪之类的葬器，预备老爹死后焚化。有人告发周亚夫私藏武器叛乱，周立刻就被投进诏狱。周亚夫向法官解释那些只是死人的用具，法官何尝不知道那是死人的用具，但他们的任务不是追寻真相，而是执行命令，只好回答说：'你虽然没有在地上叛乱，但很明显的，你将在地下叛乱。'周亚夫只有死亡。另一位农林部长（大农令）颜异，当皇帝刘彻发行一种专门向封国诈财勒索用的'鹿皮币'时，颜异仅只向外翻了一下嘴唇，也立刻被投进诏狱，法官判他犯了'腹诽'大罪——虽然没有在言辞上反政府，但却很明显地在肚子里反政府。颜异也只有死亡。"

柏杨先生"诏狱系统"的说法让我想起了文艺理论上的一个术语——"主题先行"。"主题先行"论是"四人帮"文艺理论的一个重要组成部分，这种理论认为文艺创作可以先有主题思想，然后再到生活中去选择人物，寻找故事，以表现既定的主题。在这种理论的毒害下，当年的中国文坛出现了不少从概念出发图解概念的作品。"诏狱系统"与"主题先行"论十分相似。诏狱是先定罪，再用法律条文编造符合上级意图的判决书；"主题先行"是先定主题，再运用文艺手法去传达领导意图。可以说，"诏狱"就司法领域的"主题先行"，"主题先行"理论就是"诏狱"思维在文艺领域的延伸和实践。

"主题先行"的作品都是失败的，这一点有无数的例子可以证明。其原因就在于，"主题先行"论违反了文艺本身的创作规律，使文艺丧失了应有的独立性。同样的道理，"诏狱"多是冤狱，因为在"圣旨"的压力下，司法活动的独立性也被破坏殆尽了。

"诏狱系统"是中国传统的司法操作模式之一，它的阴影直到现在还没有彻底消除，司法领域依然存在的刑讯逼供现象，就是诏狱系统不散的阴魂。"主题先行"的文艺创作在"文革"前后十分流行，现在也不能说完全绝迹了。二者都带有明显的"中国特色"，虽然应用的领域不同，但二者所采用的操作模式却是如此地相似，这不能不让人进一步追问：相同或相近的操作模式的背后是不是有着相同的思维模式。

我的回答是：有。这个思维模式就是王元化先生总结出来的"意图伦理"。王元化先生在他的《清园近思录》中曾专门谈到中国传统中的"意图伦理"现象。他说，意图伦理的思维模式要求人们在认识真理、辨别是非之前，"首先要端正态度、站稳立场"。即"解决思想问题，不是依靠理性的认识，而是先要端正态度，先要解决爱什么，恨什么，拥护什么，反对什么的问题"。也就是说，先要解决"思想站队"的问题。可是，"按照认识事物的实际情况来看，恰恰应该是相反的。因为结论要从事实的分析中才能得出，正确的立场要经过明辨是非的过程才能确立。已有的结论固然可以有助于去分析未经探讨的事实，但不能改变事实，而事实却可以改变过去所获得的结论。同样，原来的立场也必须在连续不断地去明确是非的过程中得到检验，才能证明它是正确与否。否则就会流入由意志代替真理的信仰主义，形成一种宗派意识。"除了在学理上批判"意图伦理"，王元化先生还指出了"意图伦理"的现实危害，"它使学术不再成为真理的追求，而变成某种意图的工具。这种作为意图工具的理论文章，充满了独断和派性偏见，从而使应有的学术责任沦为派性意识。"说到底，"意图伦理"是一种只重意图而不讲是非对错的蛮霸思维，它所要塑造的根本就不是现代的公民人格，而是一种彻彻底底的奴才脾气。奴才不需要明辨是非，他们只要听主子的话，领会主子的意图，"唯马首是瞻"就可以了。正因如此，"意图伦理"才一再地强调领会"意图"的重要性，只要你能正确地领会上司"意图"，"态度端正、立场稳定"，即便你说得毫无道理，那你也是"我们的人"，主子或组织自然是不会亏待你的；相反，如果你的"想法"和上司的"意图"发生了抵牾（就像司马迁之于汉武帝那样），那么，即便你说得句句在理，你也一样会成为"不受欢迎的人"，甚至是"敌人"。

很多人都知道中国改革经历过一场"姓社还是姓资"的争论。现在再回过头去看那场争论，我们难道看不出深藏其中的"意图伦理"吗？其中一方的逻辑显然是：你们的改革都"姓资"了，我还用跟你们讲什么道理？直接将你们这伙人当作"阶级敌人"打倒就是了。

不用讲道理，靠扣个"帽子"就能将对方置于死地，这便是"意图伦理"最上乘的功夫。经历过"文革"的人们对这套功夫十分熟悉——有人用这套功夫害过人，有人被这套功夫伤害过。现在，有人对这套功夫深恶痛绝，呼吁将其废止，可是有些人还恋恋不舍，时不时就动用这门绝技。

"意图伦理"是一门诛心术，用它来整人十分方便。使用"意图伦理"的人根本不用费尽心思地"摆事实，讲道理"，只要在关键时刻断喝一声："你这是什么意思？！"就可以轻易地将对手整垮。汉武帝需要跟司马迁讲道理吗？不需要。司马迁没有明确领会"圣意"，表错了态，这本身就已罪不可恕了。法官会跟周亚夫解释纸糊的刀枪如何成了谋反的证据吗？不会。他们只要说"你将在地下叛乱"就行了。"意图伦理"的神奇功效就在于它能迅速地推演出"欲加之罪，何患无辞"的正当性。

补记

本文写就之际，读到了黄一龙先生的文章《又闻"两种腐败论"》（刊于2006年第6期《杂文月刊·原创》），文章记述了何祚庥和鄢烈山之间的一场论争。这场论争很能说明一点问题，不妨转述一下。何祚庥认为，中国矿工频频死于矿难，主要该怪他们太穷了。鄢烈山不同意这种说法，认为中国矿难频发的主要原因是腐败。针对同一社会现象，不同的人有不同的看法，这本是正常的。可是，何祚庥先生却在一篇文章的末尾说："请问鄢烈山先生，你们想'证明'中国矿难的原因，'主要是腐败，而不是贫穷'，其真实目的是什么？!"这句话咄咄逼人，无法不让我想到"意图伦理"这一"思想利器"。看来，彻底清算"意图伦理"不是一件很容易的事，我们显然还有很长的路要走。

历史上"不明真相的群众"

以贵州"瓮安事件"和陕西"府谷事件"为代表的社会群体性事件备受关注，前者因一名女初中生溺水而引发群体事件，一些人冲击瓮安县公安局、县政府及县委，后者因一名司机跳河而引发群体事件，一些人与警方发生冲突，趁机打砸警车。在这两个事件中，都有"不明真相的群众"参与其中。对于很多中国人来说，"群众的眼睛是雪亮的"是他们最熟知也最乐于接受的一个说法，可如今，"群众"的前面又加上了"不明真相"的定语，这就难免让一些人感到疑惑：既然"群众的眼睛是雪亮的"，那么他们又怎么会"不明真相"？这是不是很矛盾？针对群众，我们是相信"眼睛雪亮"说还是相信"不明真相"说。看来，这个问题实在值得我们深入思考。

　　作为"群众"中的一员，我和很多的人一样，在情感上不愿意接受"不明真相"说——我们群众的眼睛是雪亮的，怎么就会"不明真相"，这不是污蔑群众的智商吗？可是，只要平心静气地想一想，我们就必须承认，"不明真相"说并非虚妄，历史上确实有"不明真相的群众"存在。而且，被"不明真相的群众"误解、冤枉的人物还大名鼎鼎——如果受冤的人是无名小辈，史书上不记载，那么我们也无从知晓。

　　这个大名鼎鼎的人物便是袁崇焕。袁崇焕（1584~1630）是晚明时期最著名的将领，他虽是文人出身，但有胆略，好谈兵。他于天启二年（1622年）单骑出关，考察关外地形地貌和敌我形势，还京后，自请守卫辽东。获准后，他守卫宁远（今辽宁兴城）。天启六年（1626年）正月，努尔哈赤统领6万大军进攻宁远。袁崇焕坚守孤城宁远（相关地区的明军纷纷撤退），以不到2万的兵力击退了努尔哈赤的进攻，取得了宁远之战的胜利，史称"宁远大捷"。第二年，袁崇焕又在宁远、锦州等地打败了前来进犯的皇太极，史称"宁锦大捷"。袁崇焕本人因军功卓著而升任兵部尚书兼右副都御史，督师蓟辽，人称"袁督师"。崇祯二年（1629年），皇太极率军绕道古北口入长城，进围北京，袁崇焕闻讯后星夜驰援京师。不料，中了皇太极反间计的崇祯皇帝却以为袁崇焕与后金有密约，要出卖京城，就逮捕了袁崇焕，随后于1630年农历八月十六将其凌迟处死。

值得一说的是，在袁崇焕被凌迟处死之际，京城的百姓不但不同情"袁督师"，反而"以钱争买其肉，生啖之"，"将银一钱，买肉一块，如手指大，啖之，食时必骂一声……崇焕肉悉卖尽"。袁崇焕被凌迟处死可以说是崇祯朝最大的冤案，当年的群众明白真相吗？显然不明白。不但不明白，而且他们还助纣为虐，觉得袁崇焕被活剐仍不解恨，还要生吃其肉。我常想，面对着"不明真相"的群众，临死之际的袁崇焕会作何感想？他当然知道，在取得"宁远大捷""宁锦大捷"之时，对他感激涕零、心存爱戴的也是这些群众。转眼之间，"袁督师"忠心报国的一腔热血犹在，而曾经拥戴他的群众却因"不明真相"便由爱生恨，非要生啖其肉不可了。在这样的历史时刻，我们还能说"群众的眼睛是雪亮的"吗？当然不能。

有此一例，便足以证明历史上确有"不明真相的群众"存在。既然"古已有之"，那么现在依然存在也就不足为怪了。那么，我们到底该如何看待针对群众所出现的两种说法（"眼睛雪亮"说和"不明真相"说）呢。就这个问题，我觉得法国思想家勒庞的观点值得重视。勒庞在《乌合之众》一书中指出，群众具有冲动、易变、偏执、极端等心理特点，他们总是倾向于把复杂的问题转化为简单的口号和激昂的情绪，因此，约束个人的道德和法律会在群情激愤之时失效，"孤立的个人很清楚，他不能焚烧宫殿、洗劫商店，但是在成为群体的一员时，他会意识到人数赋予他的力量，这足以让他生出杀人劫掠的念头，并且立刻屈从于这种诱惑"，"群体很容易做出刽子手的行动，同样也很容易慷慨赴义，成就英雄壮举"。所以，群众运动"兼有残忍和崇高两种截然不同的主旋律"，崇高的时候，能起到"道德净化"的作用，而残酷的时候，则"对强权俯首帖耳，却很少为仁慈心肠所动……对软弱可欺者冷酷无情，无所不用其极"。对照袁崇焕的遭遇，我觉得勒庞的这一理论十分正确，袁正是在成为弱者后被不明真相的群众残忍对待，"无所不用其极"。

知晓了勒庞的学说后，我们就该明白，任何企图给"群众"做单一定性的说法都是不可靠的。群众是善变的，"眼睛雪亮的"是他们，"不明真相的"有时也是他们，两种说法都成立，关键就要看事件发生时的具体情况，正所谓具体问题具体分析。明乎此，我们既不必为"眼睛雪亮"说而沾沾自喜，也不必为"不明真相"说而耿耿于怀。我们最应该做的，就是构建一种好的制度，营造一种和谐的社会氛围，从而促使群众运动更多地表现出"崇高"的一面，而不是展现其"残忍"的一面。

故纸眉批

第二辑：探寻历史事件之明暗

唐朝的官场是如何烂掉的

唐朝贞观年间，李世民和手下的一批名臣（如房玄龄、杜如晦、魏徵等）创建了一个精干、廉洁、高效的政府系统。经贞观初年的机构精简，房玄龄、杜如晦将京官由原来的2000多名裁减为643人。同时，针对因州县设置剧增而造成的百姓少、官吏多的状况，对地方行政机构也"大加并省（裁减）"，裁并了许多州县。这是一次非常成功的政府裁员和机构精简，为贞观之治奠定了很好的行政基础。同时，初唐时期的官场很讲正气，官员大都比较清廉。魏徵死的时候家无余财——他把所得的赏赐全用于赈济灾民了。中书令岑文本住的房子又小又湿，家里同样清贫。有人劝他经营一点产业，他却说，我没有什么功劳，仅仅因为能写文章就当了这么大的官，这已经很让我担心了，我哪里还有心思经营产业。尚书右仆射、历史上有名的帅哥温彦博同样不治自己的家产，他死的时候，家里连体面一点的吊丧场地都提供不出来。由此可见，贞观时期确实政治清明，很多大臣都有良好的道德操守。可是，到了唐朝中后期，官员就开始结党营私，出现了有名的"朋党之争"，官场腐败亦在所难免，随之又有宦官专权和藩镇割据之弊。种种弊政之下，曾经的大唐盛世日渐衰落，最终坍塌。

精简过的政府机构是如何变得机构臃肿、冗员充斥的？曾经清正廉洁的官场风气是如何变得腐败污浊的？曾经的好制度是如何变味的？这一切显然值得思考。

这事还要从科举制度的变味说起。大家知道，唐朝是通过科举制度来选拔人才的。在当时，科举制度是一种先进的人才选拔制度，它打破了门第界限，给底层士子以上升的渠道。这显然比魏晋时期的门阀制度要进步得多。可是有一个问题，大批士子通过科举制度被源源不断地选拔上来，他们的人数越来越多，政府如何为他们提供"就业机会"，如果全让他们当官，那官位在哪里？如果不让他们全部当官，那么他们的就业领域何在？去民营企业打工吗？那时候没有民营企业；去外企当白领吗？那时也没有外企。

唐太宗李世民想出的办法是：创办"国学"，大力发展教育和文化事业，这样一方面可解决士子的就业问题，另一方面亦可提高全民族的思想道德素质和文化教育水平，甚至还可"德化四方"，对外国进行"文化输出"。史书记载，贞观五年以后，唐太宗"屡幸国学，增创学舍一千二百间。国学、太学、四门学均增生员额，书、算各置博士，凡三千二百六十员。屯营飞骑，亦给博士，授以经业。高丽、百济、新罗、高昌、吐蕃诸国，亦遣弟子请入国学。国学之内，八千余人，其盛为近古所未有"。

应该说，唐太宗李世民的想法并不错，实施之后也收到了效果，"国学之内，八千余人"实为文化盛事，更关键的是，这里面还有高丽、百济、新罗、高昌、吐蕃诸国派来的弟子，国际反响也很好。可惜的是，唐朝后人并没有沿着李世民的这个思路走下去。《旧唐书》载："高宗嗣位，政教渐衰……则天称制，以权道临天下，不吝官爵，取悦当时，生徒不复以经学为意，二十年间，学校顿时隳废。"也就是说，到了唐高宗时，文化教育事业就不受重视了，等武则天称帝之后，她为了培植自己的势力，不惜弄权，用官位来笼络读书人，学术尊严和学术气氛由此变坏，独立于官场之外的文化教育事业被中断了。

文化教育事业被中断了，但科举考试仍在进行，士子仍在源源不断地涌现，他们的就业渠道只剩下了一条：进入官场。官场接纳就业的能力本来不强，现在变得更加拥挤。恰在此时，武则天要培植自己的势力以打击长孙无忌、褚遂良等老臣，于是她就另设机构，安插亲信。新机构产生，旧机构不取消，这样便开了机构重叠的口子。机构重叠势必冗员增多，冗员增多势必效率低下。更关键的是，重叠的机构和过多的冗员不仅会消耗大量的国家资财，而且极容易引发官员之间的派系争斗。他们结党营私，"党同伐异"，政治理想和道德操守在攀附和挤兑之中日渐消磨，而腐败奢靡之气却日盛一日。长此以往，官场风气焉能不坏。

最可怕的是，就在官僚机构日益臃肿、官员日益增多、官场风气日趋腐败的情况下，唐朝官员的薪水却"芝麻开花节节高"。史学家钱穆计算，唐初俸制，官一品月俸三十缗，职田禄米不过千斛。到开元年间，官俸数倍于唐初，天宝年间又数倍于开元，接下来，"大历数倍于天宝，而建中又数倍于大历"。屡次加薪之后，大历年间官一品月俸已达九千缗。此后，唐朝官员的薪水还在继续增加，直到最后百姓不堪重负，揭竿而起。

唐德宗时的大臣沈既济曾痛陈官场之弊为"四太"："入仕之门太多，世胄之家太优，禄利之资太厚，督责之令太薄。"沈既济的说法切中肯綮，可是，在末世悲风之中，有谁愿意听这样的逆耳忠言，再说，即便真听懂了这番话，此时恐怕也没人能"挽狂澜于既倒"了。因为这时的官场已经彻底烂掉，朝廷上下，文恬武嬉，哪里还有重新振作的机会。

唐朝前期之所以能开创盛世，官场的清廉之风显然是一个重要的条件。可是，官场的清廉之风培护甚难，而摧折甚易。一旦官员们丧失了政治理想和道德操守，丧失了为民请命的精神情怀，他们是极容易成为逢迎拍马、结党营私、鱼肉百姓的腐朽集团的。而官员们一旦寡廉鲜耻，官场就会随之烂掉；官场一烂掉，即说明王朝气数已尽，只能苟延残喘地等待谢幕了。这一点，可以说是历代王朝衰落的铁律——强盛的大唐尚且如此，遑论弊端丛生的其他王朝。

殊途同归三诗人

安史之乱爆发的时候，大诗人李白正奔走在前往庐山的路上。他经宣城，走当涂，过溧阳，辗转来到了庐山，在屏风叠隐居了起来。他在诗中写道："有策不敢犯龙鳞，窜身南国避胡尘"，"吾非济代人，且隐屏风叠"。意思是说，自己现在无职无权，报国无门，似乎也只有隐居避乱的份儿了。

李白此时55岁，青春早已逝去，壮志豪情亦有所减弱。深受道家思想影响的他一度设想，外面虽然烽火连天，但庐山毕竟还是清静之地，自己不妨在此修道成仙。

诗人的设想常常会被残酷的现实所打断。这一次也不例外。

当时，大唐王朝正陷入战乱的烽烟之中。安禄山从范阳起兵，下博陵，至藁城，渡黄河，攻灵昌，陷洛阳，直指长安。唐玄宗带着杨贵妃仓皇出走，逃往四川，行至马嵬坡，禁军哗变，杀死杨国忠，并要求唐玄宗处死杨贵妃。"六军不发无奈何"，唐玄宗只得令杨贵妃自缢。这便是历史上有名的马嵬坡事件。唐玄宗逃走之后，在朝里收拾烂摊子的是太子李亨，他后来在宁夏灵武称帝，就是唐肃宗。

唐玄宗在出逃四川的途中曾下诏，以李亨为天下兵马大元帅，负责平定叛军，收复两京，同时命令永王李璘在南方参与平叛。李璘以讨伐叛军为名，在江淮地区招募军队，收取租税，意在与李亨争夺皇位。李璘率领军队沿江东下，在经过庐山的时候，他得知大诗人李白正在山上隐居，就极力邀请李白加入到自己的帐下。

　　李白以为这是一次为国效力的机会，就投到永王李璘的帐下，做了幕僚。他自信地写道："但用东山谢安石，为君谈笑静胡沙。"可是他哪里知道，李亨、李璘兄弟之间早已势如水火。很快，永王李璘兵败被杀，而李白也因为是"永王的人"而获罪下狱。这个时候，李白成了大政治犯。朝廷中的很多人主张将李白处死，据说，大将郭子仪在唐肃宗李亨面前求情才使李白得免死罪。免死之后，李白被流放夜郎（今贵州桐梓一带）。在流放的途中，他遇到了大赦。原来，乾元二年（759年），关中发生了大旱，朝廷大赦天下，所有囚徒，死刑改为流放，流放以下罪名全免。遇赦之后，李白心情大好，刚走到四川奉节的他赶紧调头东下，到江陵后他又写下了一首传唱千载的诗篇《早发白帝城》："朝辞白帝彩云间，千里江陵一日还。两岸猿声啼不住，轻舟已过万重山。"

　　诗虽然写得明快奔放，可诗人已经老了。三年后，贫病交加的李白在安徽当涂李阳冰的家中病逝，一代诗仙客死他乡。

　　与李白相比，杜甫在安史之乱中的选择则显得在政治上无比正确。安史之乱爆发后，杜甫选择和最普通的人民一起经受苦难。在长安陷落之前，他和难民一起踏上了逃亡之路。途中，杜甫受尽磨难，后来又被叛军捉住，押回了长安。看着京城的残破，他痛心疾首，写下了那首著名的诗《春望》："国破山河在，城春草木深。感时花溅泪，恨别鸟惊心。烽火连三月，家书抵万金。白头搔更短，浑欲不胜簪。"

　　杜甫后来伺机逃离了长安，再次去追寻官军。历尽艰辛之后，他到了陕西凤翔，在那里见到了唐肃宗李亨。李亨为了奖赏他的忠心，封他为左拾遗。可是善于写诗的杜甫并不善于当官，结果他上任不久就因卷入派系争斗而被贬官。此后，他干脆弃官，带着全家走上了四处流浪、颠沛流离的道路。在这个过程中，杜甫对人民所遭受的苦难有了更深刻的认识，用诗歌记录下了唐朝由盛转衰的历史，他的诗因此被称为"诗史"，而他本人也被称为"诗圣"。

王维在安史之乱中的道路选择又与杜甫不同。杜甫在战乱中坚定地追随官军，寻找官军，始终站稳政治立场，尽管为此吃了很多苦。可王维就没这么幸运了。王维，字摩诘，与李白同龄（均出生于701年），自幼聪颖，九岁时便能写诗，而且工于书法，娴于音律，擅长绘画，是个多才多艺的才子。他在青年时就已名动京城，得到皇族诸王的敬重。安史之乱爆发时，王维早已是名满天下的大诗人了。长安被叛军攻陷后，他追随唐玄宗不及，被安禄山所获。被俘后，他曾吃药取痢，假称患病，以逃避麻烦。但因为诗名太大，安禄山派人将他送到洛阳。威逼之下，王维当了安禄山的给事中。出任"伪职"在政治上显然属于失节之举。所以，待唐朝的官军收复长安、洛阳两京后，王维和众多"陷贼之官"一起获罪，被关进了监狱。幸好有人替他求情，再加上他的弟弟王缙请求削己官职以赎其兄之死罪，唐肃宗李亨这才原谅了王维。

王维早年就是一个虔诚的佛教信徒，安史之乱之后，他更是心向空门，吃斋奉佛，不问政事，"退朝之后，焚香独坐，以禅诵为事"。他写诗道："一生几许伤心事，不向空门何处消"，"晚年唯好静，万事不关心"。因为崇奉佛教，王维所作的诗和画都极具禅意，苏轼对他的评价是："摩诘之诗，诗中有画；摩诘之画，画中有诗。"王维本人由此被后人称为"诗佛"。

李白、杜甫、王维，一位是诗仙，一位是诗圣，一位是诗佛，全是唐朝大名鼎鼎的诗人。可是，三个人在安史之乱时所选择的政治道路却大相径庭。李白在骨子里信奉的是道家思想，他在战乱之中首先选择了隐居，可是他又有建功立业的强烈愿望，所以后来投靠了永王李璘，并因此遭受入狱、流放等政治打击。杜甫是儒家信徒，在战乱来临时，他选择与普通百姓一起承受苦难，同时在政治上坚守节操。王维信佛，"随缘度岁月"，被迫任"伪职"也好，事后被追究也罢，对他来说都成了"无可无不可"的事——他的心思本来就没放在乱糟糟的政治上。

但是，这三位诗人又殊途同归。在烽火连天的战乱岁月，道家诗人浪漫的设想、儒家诗人艰苦的作为，以及佛家诗人的"随遇而安"，全都不能左右时局——反倒是他们自己的命运被战乱深深地影响了。在战乱的裹胁之下，不管如何选择，等待三位诗人的其实都是苦难。另一方面，在安史之乱的刀光剑影黯淡了之后，在影响过三位诗人命运的李亨、李璘、安禄山等人被岁月的风尘遮蔽之后，在曾经的政治是非被历史的长河洗涤发白之后，李白、杜甫、王维这三位伟大的诗人却永远地活在了人们的心中。他们雄踞诗歌艺术的巅峰之上，握手言欢；而他们的诗篇更是穿越千年，被人们反复吟咏。

或许，历史本来就这样：攻城略地的从来都是兵戈，而征服人心的却只能是文化艺术。兵戈因屠杀而生锈、腐烂，而文化艺术却因启迪心智而熠熠生辉，永载史册。

晚唐的"权力偏房"

在中国的帝制时代，皇帝的权力是至高无上的，所以才有"普天之下，莫非王土；率土之滨，莫非王臣"的说法。不过我们也必须清楚，这只是理论上的说法，与史实不完全吻合。如果认真翻阅中国历史，我们就会发现，真正能把军国大权牢牢地控制在自己手中的皇帝是极少数，而绝大多数的皇帝都避免不了大权旁落的悲剧，还有一些皇帝为此丧了命。针对这种情形，晚清时的著名学者郭嵩焘有过这样一段论述："汉唐以来，虽号为君主，然权力实不足，不能不有所分寄。故西汉与宰相、外戚共天下；东汉与太监、名士共天下；唐与后妃、藩镇共天下；北宋与奸臣共天下；南宋与外番共天下；元与奸臣、番僧共天下；明与权相、太监共天下；本朝则与胥吏共天下耳。"

郭嵩焘明确指出，皇帝的权力实在太大，不管愿不愿意都得与他人"共享"（天下大事那么多，皇帝一个人根本管不过来）。这些与皇帝分享权力的历代政治势力，堪称中国政权谱系中的"偏房"——他们有其实无其名，手中握有实权，可在理论上却没有治天下的"正式名分"。没有正式名分，就可以不承担责任，所以，"偏房"们往往更贪婪、更无耻、更肆无忌惮。

需要指出的是，郭嵩焘所说"唐与后妃、藩镇共天下"之语，符合唐朝前期的状况，用于晚唐则不符。晚唐时，后妃的政治势力已大不如前，倒是宦官的势力日甚一日，成了名副其实的"权力偏房"。

唐朝最有名的宦官大概要算高力士，他是唐玄宗李隆基和贵妃杨玉环的贴身侍卫。晚年的李隆基沉湎于享乐，这给善于拍马屁的高力士以极大的弄权机会。作为皇帝的"身边人"，高力士威慑朝野，连太子李亨都唤他"二哥"，公主驸马们甚至尊称他为"老太爷"，可见其权势之大。安史之乱以后，唐朝的皇帝对在外统兵的将领愈发不信任，于是就发明了"监军"制度，派自己的"身边人"宦官到军队中做监军，表面上是为了帮助军队解决困难，实际上是监督军事将领及军队的作战行动，防止叛变。监军系统置身于军事系统之外，直接向皇帝"汇报"工作。

"监军"制度实施之后，宦官系统开始走出皇宫，插手军事。宦官们虽然不懂军事，但却可以通过"告密"的形式陷害军事将领。著名大将高仙芝和封常清，因为没有满足监军宦官边令诚的勒索，边令诚就诬告高、封二人谋反，致使二人被朝廷处斩。

由于可以左右将领的生死，宦官监军在军中的势力开始坐大。他们把健壮骁勇的战士选拔出来作为自己的卫队，而把剩下的士兵拨给将帅。作战的时候，如果胜利了，宦官监军立即派人飞马回长安汇报，功劳归宦官监军；如果作战失败，他们就把罪责归于将帅。这样自私贪婪的监军非但不能防止军队叛变，反而会把军队逼得不得不叛变。

军队越叛变，皇帝越信任宦官监军，宦官监军越胡作非为，军队就越容易叛变，晚唐的政局由此恶性循环，一发不可收拾。唐宪宗李纯根本就不相信宦官会诬陷大臣和将领，他夸口说，宦官不过是家奴而已，差使他们办事只是为了方便，他们怎么敢诬陷大臣和将领呢？如果他们敢违法乱纪，拔除他们就像拔掉毫毛一样容易。可实际情况远没有这么简单。早在唐德宗时期，宦官就已经控制了皇家卫戍部队"神策军"，此时的宦官虽然名义上还是皇帝的家奴，可实际上他们已然控制了皇帝的生死，控制了朝政。曾经夸下海口的唐宪宗李纯最后被宦官陈弘志谋杀。临死之际，李纯可能才明白，主人和家奴之间的关系有时是会发生逆转的。

从唐宪宗开始,唐朝以后的皇帝不是为宦官所杀就是为宦官所立,总人数达11位,时间近百年。所杀所立的史实均说明,晚唐的皇帝是傀儡,倒是名义上的家奴——宦官集团——成了皇宫中的真正主宰。曾经辉煌一时的大唐王朝,至此内困于宦官,外困于藩镇,只能一步一步地走向没落。

晚唐的政局比较典型地演绎了宦官集团从家奴转变为主子的全过程,很好地说明了"权力偏房"一步步地坐大,最终反客为主、操控皇帝的历史逻辑。需要指出的是,"权力偏房"一旦养成、坐大,它就会成为政治格局中的一部分,很难轻易剔除。唐文宗李昂不甘于做宦官们的傀儡,就与亲信大臣密谋,试图利用"天降甘露"之机发动突然袭击,一举铲除宦官势力。可惜,事情在关键的时刻失败了。宦官集团疯狂反击,借机对朝臣展开了大屠杀,包括丞相在内的上千名高级官员全成了宦官们的刀下之鬼,朝堂之上几乎为之一空,而唐文宗自己则更彻底地成了宦官的傀儡——连他自己都称"朕受制于家臣"。这便是历史上有名的"甘露之变"。

说到底,"权力偏房"是集权时代不可避免的现象,皇权太大,单靠皇帝一个人无法承担,所以必然要与不同的势力集团一起分享。可是,帝制时代没有清晰、合理的权力分配机制和制约机制,所以,权力分享的过程也就必然会发生可怕的扭曲、裂变和衍生。"权力偏房"说到底也就是一种权力衍生品。金融衍生品泛滥,可以引发美国的次贷危机和金融风暴,那么,"权力偏房"发展壮大到一定程度之后,自然也会"绑架"正室,操控皇帝,裹胁朝廷,让正当权力为他们的邪恶目的服务。仅此一点,也足以证明专制制度的罪恶。

以古为镜说"裁员"

金融风暴来临之际，一些企业的日子不好过，情急之下，裁员便成了一个方便的选择，美其名曰"瘦身"。一些文化事业单位搞改革，也时不时地祭出"裁员"大棒，以从反面教育员工努力工作。其实，上至一国，下至一单位，裁员之事的利弊得失向来不可一概而论。近日读史，愈加感受到了裁员与事业成败之间的复杂关系。

就国家而言，裁撤冗员可达到精兵简政、提高效率、节约财政的目的，如用之得当，必会极大地促进社会发展。这一点，唐太宗李世民的裁员之举是一个很好的例子。贞观元年（627年），刚刚当上皇帝的李世民就着手裁员，他对房玄龄说："朕近日读书，多见古人遗训，谓官在得人，不在员多。""若得其善者，虽少亦中矣，其不善者，纵多亦奚为。"然后表示，朝廷机构臃肿，人员编制太多，让房玄龄、杜如晦负责"裁员"，并要房、杜贯彻"任人唯贤"的原则。

淘汰冗官向来就是一件得罪人的事，房玄龄、杜如晦在执行"裁员"任务的过程中也遇到了阻力。最大的阻力就来自李世民的旧部——原来秦王府中的人。这些人早就追随李世民，现在，李世民当上了皇帝，他们本指望着得到高官厚禄，现在可好，反倒被裁，他们岂能没有怨言。

无奈之下，房玄龄找到李世民，请李世民最终定夺。李世民坚决支持裁员工作，他说："人君当以天下为公，而不能为己之私产。古者治国，皆明此理。如今朕与卿等衣食皆出于百姓，怎能不为百姓着想？……若徇私情，不问才学，岂是至公之道？"有了皇帝撑腰，房玄龄、杜如晦的胆子就壮了，他们开始大刀阔斧地精简机构，裁撤冗员。最后，房玄龄、杜如晦将京官由原来的2000多名裁减为643人。同时，针对因州县设置剧增而造成的百姓少、官吏多的状况，对地方行政机构也"大加并省（裁减）"，裁并了许多州县，把全国划分为10道，共设300余州，1500余县。此次精简机构、裁撤冗员是历史上非常成功的一次行政改革，为后来的贞观之治奠定了良好的行政基础。

与唐朝中央官员的精干相比，宋朝的官僚机构臃肿，冗员颇多，所以，宋朝尽管商业比较发达，但财政压力一直很重。而且，臃肿的官僚机构和大量的冗官必然导致官员之间相互扯皮，内耗严重，效率低下，行政腐败和派系纷争也由此而生。还是以数字来说明，唐太宗时，中央官员仅有643人，可到了宋仁宗时期，中央官员就超过了1.7万人。有宋一朝，偏安一隅，军事上受外敌侵扰，国事难以振作，这与机构臃肿、冗员过多关系极大。可见，该裁员之时不裁员是不对的。

但是，若不认真分析情况，遇到财政困难就裁员，以为裁员是"脱贫"的不二法门，那就大错特错了。明朝的历史又可提供这方面的佐证。朱元璋当上皇帝之后，封自己的9个儿子为亲王（太子除外），亲王有自己的藩国，到一定的年龄就要到封地"就国"。他们不担任任何职务，也不从事任何文武活动，却要每年从国家那里接受一万石的俸禄。亲王有王府，王府里有大量的服务人员，这些人员也需要国家供养。朱元璋的这套制度为明朝的历代皇帝所沿袭，除继承皇位外，皇帝的儿子自然成为亲王，亲王的后代还可继承亲王爵位，于是亲王越来越多，到最后，明朝竟设了60多个亲王的头衔。亲王之外，其他的皇亲（公主、郡王等）也越来越多，明朝给官员的俸禄很少，但是对皇亲却慷慨大方。只要是皇亲，不论男女，都可终生从国库领取丰厚的俸禄。这样，皇亲的人数越来越多，皇亲的俸禄也就成了国家的一个沉重的财政负担。

有学者估算，在明朝的最后几年，国家俸禄册里列出的皇亲有10万人之多，而同时期的中央官员（京官）是1.5万人。1562年，全国各地上交国家的田赋共有400万石，可朝廷支付各地亲王及皇亲的俸禄则为800万石，用现在的话说，皇亲们一年的消耗竟然等于两年的全国农业税！粗略估算，国家财富30%~40%都被皇亲所耗费。

到了明朝晚期，财政出现了困难。朝廷开始裁员以摆脱危机，但有趣的是，裁员的对象不是消耗了国家巨大财富的皇亲，而是最基层的工作人员——驿站小吏。朝廷打着节约的名义裁撤驿站，在汉唐之时，驿站之间的距离多为30里，明朝裁撤之后，驿站数量减少，驿站之间的距离改为60里，后来，驿站越撤越少，驿站之间的距离也就越来越大，有的甚至到了200里以上。裁撤驿站确实节约了朝廷的财政开支，据测算，崇祯朝裁撤了1／3的驿站之后，节省国库开支10万两白银。但是，裁撤驿站之后，驿站的服务质量严重缩水，很多官员也因忍受不了长距离的跋涉而放弃了必要的巡视检查工作，导致了惰政的进一步滋长。同时，被裁员的大批驿站小吏成为失业人员，他们中的很多人成了官路上的劫匪，严重地危害着社会稳定。更关键的是，就在崇祯皇帝的一次大规模裁撤驿站的行动中，驿站小吏李自成被迫下岗。后来，对朝廷充满仇恨的李自成揭竿而起，领导了农民起义，给原本孱弱的明朝以致命一击。当李自成率领大军攻占北京之际，当初以裁员成功而得意的崇祯皇帝就只得上吊自尽了。

纵观历史上的裁员经验，我们可以看出，裁员本身并无好坏，但裁员的方向却事关成败。唐太宗李世民裁员，先拿自己秦王府的旧部开刀，刀口向上，"裁员不避亲"，最后，不仅裁员成功了，而且裁员还促进了整个社会的发展。反观明朝的裁员，刀口向下，"只裁小吏不裁皇亲"，名为财政改革，实为转移社会矛盾。结果，社会矛盾不仅没被解决，反而被激化了。对比之下，二者真是判若云泥。

一句话，裁员之事要思量，像宋朝那样，任由冗员过多和机构臃肿不管，该出手时不出手不行；像明朝那样，该对皇亲下手却非要对底层小吏动刀，裁员的方向不对也不行。只有像唐太宗李世民那样，不但问题看得准，而且方向也选得对，这样，"该出手时就出手"，裁员才能收到事半功倍的效果。

假圣旨办了件好事

在中国封建社会，皇帝在理论上拥有着绝对的权威，以皇帝的名义下达的旨意便是圣旨，其权威性自不待言。时至今日，我们依然可以从宫廷剧中领略到圣旨的威力。宣旨太监一喊"圣旨到！"，在场之人——无论皇亲国戚、王公大臣，还是普通官吏、草民百姓——全得毕恭毕敬地跪倒在地，静听太监宣读圣旨。

荧幕上的宫廷剧有大量的"戏说"成分，有些情节与史实并不吻合，可是，在对圣旨权威性的渲染上，它却大体不差。在封建时代，人们对待圣旨确实就像对待神灵一样，丝毫不敢马虎。

有人会问：既然如此，那圣旨还会有假的吗？

当然有。古代的圣旨虽然在理论上具有至高无上的权威性，可是它终究也是一种公文。公文就会有固定的写作套路，时间一长就会成为官样文章。官样文章有好处也有坏处，好处是省事，皇帝不必每一次都亲自书写或口授，坏处就是有"制度漏洞"，降低了写假圣旨的技术含量，给人以可乘之机。既然利用圣旨可以办成大事，而制造一份假圣旨在技术上又没有太大的难度，那么假圣旨"应运而生"也就是情理之中的事了。

能造假圣旨的，首先就是皇帝的"身边人"——宦官。宋徽宗时期，梁师成、童贯就分别干过这样的事。梁师成在得到皇帝的信任后，开始参与朝政，发展到最后，他竟然模仿宋徽宗的笔迹，伪造"御书"，然后掺进别的公文中一道下达。"御书"虽不是正规的"圣旨"，但其效力一点都不差——受文单位看到皇帝的"亲笔批示"，自然不敢怠慢。童贯的做法更加彻底干脆——直接假传圣旨。不过，这事事出有因，得我慢慢道来。

宋徽宗赵佶是一位酷爱艺术的皇帝，他除了爱好书法绘画外，还喜欢奇花异石。为了搜罗奇花异石，他分别在苏州和杭州设立应奉局和造作局。应奉局的官员只要听说哪家有奇花异石，就带了兵闯进去，用封条一贴，就算征用去给皇帝进贡了。更可气的是，这些奇花异石在没运走之前还要百姓自己保管好，如有半点损坏，就要治"大不敬"之罪。搜刮来的奇花异石用船只运往汴京，十艘船组成一个编队，是为一纲，也就是历史上有名的"花石纲"。酷吏借强征"花石纲"之机敲诈勒索，弄得江浙一带民不聊生。

北宋宣和二年（1120年），方腊率领农民起义，反抗宋朝的暴政。深受花石纲之害的江浙人民纷纷响应，起义队伍迅速壮大，发展到几十万人，并先后攻下了六州五十二县，成了"气候"。得知方腊起义的消息后，宋徽宗任命大太监童贯为江淮荆浙宣抚使，率领十五万大军前往镇压。童贯到了江浙前线后，看到百姓受花石纲的侵扰十分严重，又听说"乱贼"之所以不能迅速平定，就是因为花石纲的危害使得民怨沸腾，老百姓都痛恨政府而袒护叛党。出于剿抚结合、分化瓦解的战略需要，童贯命令下属撰写诏书，以宋徽宗的名义罢除花石纲和苏杭应奉局和造作局。这篇诏书就像古代帝王颁布的《罪己诏》一样，通篇表示自责，把所有的责任都揽到皇帝一个人的身上。江浙一带的老百姓见到这一诏书后，对朝廷的怨恨消失了，对方腊起义军的态度也发生了变化。失去了广大民众的支持，再加上战略上出现一些失误，方腊领导的农民起义很快就被童贯给镇压下去了。

童贯是北宋末年的大宦官，他靠讨好宋徽宗而获得宠信，属于地地道道的"坏人"。可是，他通过"假圣旨"撤销了苏杭应奉局和造作局，废除了花石纲，此举确实减轻了当地老百姓的负担。

按写文章的一般规律，讲史之后总要说几句带有规律性的话，以示"借鉴历史的经验和教训"之意。我也不能免俗，故作如下总结：其一，历史中有很多偶然性的事件，集中的体现就是："坏人"偶然也会办好事，假圣旨偶尔也能让百姓受惠。其二，看人待事要尽量通达，切不可死钻牛角尖。如果你非得追问连圣旨都有假的，那这个世界上还有什么是真的呢？我到底还能相信什么？这样，你就会活得很不开心。如果你换个角度想，圣旨都有假的，历史上的事还真有趣。这样你就会活得比较从容。想想吧，即便出了假圣旨，天也不会塌下来，生活再糟糕又能糟到哪里去呢？

一个绊子引发的血案

这是一起发生在皇族的叔侄之间的血案，时间在明朝的宣德年间。

很多人都知道，朱棣的皇位是从他侄子建文皇帝的手里抢来的。为了争夺这个皇位，叔侄之间打了一场历时四年的战争，史称"靖难之役"。当朱棣抢到皇位成了永乐大帝的时候，他大概不会想到，由他"开创"的叔叔与侄子争夺皇位的悲剧还会在明朝重演，并且就在他喜欢的儿子和他深爱的孙子之间。只是，这次叔侄斗法的结果与"靖难之役"不同。"靖难之役"中，当叔叔的胜利了，而这次，胜利的天平倾斜到了侄子的一面。这次扮演侄子角色的是朱瞻基。

朱瞻基就是历史有名的宣德皇帝，他是明仁宗朱高炽的儿子，明成祖朱棣的孙子。而与宣德皇帝争夺皇位的，则是他的叔叔朱高煦。永乐皇帝朱棣共有三个嫡生子：朱高炽、朱高煦、朱高燧。朱高炽虽为长子，却不为朱棣所喜爱，原因大概是高炽有先天性的肥胖症，胖得连走路都很不方便，更不要说骑马打仗了。行动不便，连带着性格也比较内敛，甚至还有点懦弱。朱棣是带兵出身的，一身英武之气，他自然不愿意看到自己的大儿子如此"窝囊"。与大儿子相比，二儿子朱高煦则英气逼人，在老爸兴兵与建文皇帝争夺天下的时候，朱高煦带领军队做先锋，直逼南京，建立了赫赫战功。两相比较，朱棣就很想把皇位传给二儿子朱高煦。可惜，当时实行的是皇位嫡长子继承制，朱棣一时还不敢冒天下之大不韪。同时，朱高炽的老婆、孩子都十分争气，为他日后当上皇帝立了大功。他的老婆张氏（日后称为张皇后）是个贤内助，还深得公公和婆婆（也就是朱棣和他老婆徐皇后）的喜欢；而他的大儿子就是朱瞻基。史书记载，朱棣虽不喜欢自己的长子，但却十分喜欢自己的长孙，他数次出征都带着长孙朱瞻基，还对侍臣说："皇长孙聪明英睿，智勇过人，宜历练行阵，俾知并发，且可悉将士劳苦，知征伐不易。然文事武备，不可偏废，每日营中闲暇，卿等仍与之讲论经史，以资典学。"用意很明显，就是要把长孙培养成合格的接班人。朱棣甚至还表示，他之所以立朱高炽为太子，就是因为他喜欢长孙朱瞻基。在今人想来，朱棣这个皇帝当得也真是不潇洒，不仅要操心军国大事，而且还要为谁来接班的问题煞费苦心，安排一任接班人还不放心，还要隔代指定接班人。

老爸朱棣还活着的时候，朱高煦就一直与大哥朱高炽争夺太子之位，结果没有争过大哥，这让他心里很窝火。朱棣死后，朱高炽继位，是为仁宗，仁宗当皇帝还不到一年就死了，皇位传给到朱瞻基手里。朱高煦终于憋不住了，他想：既然我老爸可以从自己侄子手里抢到皇位，那么我为何不能从我的侄子手里抢来皇位？于是，朱高煦起兵造反。

初登皇位的朱瞻基显示出了与太祖、成祖相似的英武气概，他采纳了杨荣、夏原吉的建议，亲征朱高煦，很快就包围了叛军的老巢乐安城。朱高煦没料到宣宗会御驾亲征，一时没了主意，只得请求投降。大臣请求宣宗朱瞻基将朱高煦就地正法，但宣宗顾及叔侄亲情，没有同意，只是将朱高煦押回京城，软禁了起来。

这样的处理对朱高煦来说应该是十分宽大的了，这也符合明宣宗朱瞻基的办事风格，在明朝的皇帝中，宣宗朱瞻基本来就是很厚道的（顺便说一句，宣宗统治的十年加上他老爸仁宗统治的一年被称为"仁宣之治"，是中国历史上少有的盛世之一）。可是，作为叔叔的朱高煦不知进退，身陷囚室仍然不服气。登基三年后，宣宗带着内侍前去囚室探望自己的叔叔，身为皇帝的侄子对身为囚徒的叔叔嘘寒问暖了一番。这本来是件好事，说明宣宗还没有忘记叔侄亲情。不料，朱高煦却在宣宗起身离开之际使了个绊子——用脚将宣宗勾倒。皇帝很生气，后果很严重。宣宗朱瞻基命人将朱高煦罩在一个300斤重的铜缸下，缸上积炭燃烧，铜缸被烧化了，朱高煦在缸里被活活烧死，尸骨无存。朱高煦的几个儿子也一并被杀死。后世的学者始终弄不明白朱高煦在这个时候还给皇帝使绊子是出于何种心理，更不明白以仁厚著称的宣宗为何对这个绊子如此愤怒——自己的叔叔起兵造反都能饶他不死，为何对他使绊子气愤至极？

我的解读是，历史本来就有它的吊诡之处，它不会按照常人的思维逻辑去按部就班地发展。一个绊子所引起的帝王愤怒，有时就是比千军万马的厮杀还激烈。不管你愿不愿意承认，这就是历史，至少是历史中的一部分。

"剃发易服令"与明末思想家

明朝从嘉靖皇帝炼丹到崇祯皇帝上吊的这段历史，读起来实在叫人憋气：皇帝不像皇帝，朝政不像朝政，太监专权，民不聊生。虽然偶尔也出来几个忠臣（像海瑞、袁崇焕及东林党诸位君子），可这些"好人"都郁郁不得志，有的干脆就被残酷地杀害了。我就想，这样的朝廷如果还不灭亡，那简直是天理难容！可是，等我读到明末三大思想家——黄宗羲、顾炎武、王夫之——的有关传记时，又产生了一个困惑：既然晚明如此腐朽、如此不堪，那么这三位思想家为何还要参与"反清复明"的活动？难道他们还深深地留恋那个腐朽的明朝吗？如果真是这样，那他们岂不是有点"迂"，有点"笨"？

继续阅读，答案逐渐浮出了水面：问题就出在清军入关后提出的"剃发易服"令上。

在清军入关之初，因为晚明政治腐败，不得民心，北方人几乎没怎么抵抗。顺治二年（1645年）清军攻占南京后，清廷发布"剃发易服"令："各处文武军民尽令剃发，倘有不从，以军法从事。""遵依者为我国之民，迟疑者同逆命之寇，必置重罪；若规避惜发，巧辞争辩，决不轻贷。"这道命令要求地方官员严厉执行，对不剃发者一律"杀无赦"。人们将此概括为"留头不留发，留发不留头"。同时还不准汉人继续穿"汉服"，而必须改穿满族服装。

"剃发易服"令的发布遭到了当时汉人的普遍抵制。在今人眼里，剃不剃头、留不留辫子实在不算什么大事，可在当时，这却是一件关乎"文化传统"和"民族尊严"的大事！多尔衮说实行剃发令的目的是"以别顺逆"——"因归顺之民，无所分别，故令其剃发，以别顺逆"！实际上，满人先就把这个问题给"政治化"了，他们把是否"剃头易服"看成了是否归顺的象征，"剃头易服"者为顺民，反之则为逆

故纸眉批

民。可在汉人眼里，"身体发肤，受之父母"，岂能说剃就剃，而且，我们的"汉服"也穿了一千多年了，这文化传统怎么能说断就断，这不明摆着欺负人嘛。所以，自清廷"剃发易服"令发布之后，汉族地区人心大哗，纷纷起来进行武装斗争，清廷随之进行了残酷镇压。清军制造的"嘉定三屠"、"扬州十日"等惨剧就是在这种大背景下发生的。

究其实质，清廷推行"剃发易服"令直接触动了汉人的文化认同。头式和服装是汉人最日常的生活方式，也是最直接的文化符号。清之前，从来没有哪一个王朝在改朝换代时干涉过普通百姓的生活方式——他们要抢的是江山，根本没必要对普通百姓的头发和服饰动手动脚。骁勇的蒙古人入主中原时，他们的生活方式当然也与汉人迥异，可他们也听任汉人按原来的方式过自己的日子，并未强迫汉人更改发式和服装。与之相比，清廷发布的"剃发易服"令就显得十分粗暴。更重要的是，"剃发易服"令中还暗示着灭亡汉人文化的政治企图。如果接受"留头不留发，留发不留头"的强迫选择，就意味着汉人不但接受了"亡国"的现实，还要默认即将到来的"灭种"的可能。正因如此，"剃发易服"令才在江南遭到了强烈的抵抗，黄宗羲、顾炎武、王夫之这三位思想家正是在这个大背景下参与"反清复明"运动的。他们之所以参与"反清复明"活动，并不意味着他们留恋腐朽的晚明朝廷，而是表明了他们对清朝初期推行残酷的民族压迫政策的一种反抗。

"反清复明"的活动最后失败了，但是，我们必须说，"反清复明"在一定程度上促成了黄宗羲、顾炎武、王夫之等人"民本"思想的成熟和飞跃。经历过明清交替的乱世之后，黄宗羲猛烈地抨击"家天下"的君主专制制度，他明确指出，君主的独断专行是造成人民苦难的根源。他深知封建帝制会使中国走进死胡同，所以期盼中国发展成一个由文化精英主持的民主社会，从而变封建帝制为相当程度的地方自治。在他的思想体系中，为天下苍生谋福祉远比为一个没落的朝廷殉道要重要得多。黄宗羲说："盖天下之治乱，不在一姓之兴亡，而在万民之忧乐。"他把"万民之忧乐"置于"一姓之兴亡"之上，以天下苍生的视角而不是以帝王、皇族的视角来考察天下的"治"与"乱"，这显然具有极大的进步意义。

与黄宗羲对"苍生福祉"的强调相比，顾炎武的思想就更是对君臣伦理赤裸裸的颠覆。他在亡国之余，痛定思痛，发现封建的"君臣之伦"有着极大的欺骗性。他在《日知录》中说："君臣之分，所系者在一身；华夷之防，所系者在天下。"接着，他又将"亡国"与"亡天下"作了区别，说："易姓改号，谓之亡国。仁义充塞，而至于率兽食人，人将相食，谓之亡天下。"这里所说的"亡国"，指的是改朝换代，是一个封建统治集团代替另一个封建统治集团；而"亡天下"则是指人类社会的正常秩序被严重破坏，致使民不聊生，民族文化濒临崩溃。因为"亡国"与"亡天下"不同，所以人们对"保国"与"保天下"的态度也应有别。"保国"实际上是在保卫某个封建王朝，责任应该由统治集团承担，即"其君其臣肉食者谋之"，而普通百姓不必关心；"保天下"是要保卫本民族的民生福祉和文化传承，那就应该每个人都承担责任，即"保天下者，匹夫之贱，与有责焉"。他的这个思想，后来被梁启超概括为"天下兴亡，匹夫有责"八个字，成了今人耳熟能详的句子。如果不了解当时的时代背景，人们对"天下兴亡，匹夫有责"的说法虽也认同，但不会有切肤之痛。如果了解了当时的时代背景，我们再来看这句话就会有石破天惊之感——原来这里面饱含着顾炎武的人文情怀和批判精神，堪称思想瑰宝。

王夫之的境界虽在总体上不如顾炎武和黄宗羲高，但他也同样提出了"民族大义"应高于"君臣伦理"的思想。总之，明末的三大思想家都从清廷推行"剃发易服"令的过程中看到了百姓苍生所遭受的苦难。他们参加"反清复明"运动，表面上看是在为明朝唱一曲挽歌，可实际上，他们的内心深处另有所属。他们早已跳出了"君臣之伦"的窠臼，他们胸怀天下，心系苍生，那种为民请命的精神境界是漆黑历史岁月中的一盏灯火，一直闪烁到今天。

晋商浮沉与票号盛衰

最近几年，以晋商为题材的影视作品开始出现，2009年央视的"开年大戏"就是以晋商为题材的连续剧《走西口》。《走西口》讲述的故事是从晚清开始的。其实，晋商发展的历史远比这要早。早在明代，晋商就以张家口为基地，经过塞北，同东北的满族政权沟通物资，甚至提供情报，传递文书，从那时起，晋商就与满族政权结下了千丝万缕的联系。

清军入关后，认为"山东是粮运之道，山西是商贾之途，急宜招抚二者……"于是就对晋商网开一面，采取了招抚扶持的政策，这样，晋商和清政府官员之间的往来日益增多，二者迅速勾结在一起。可以说，晋商之所以能坐大，是与其从发展之初就有"官方背景"密不可分的。

以日升昌票号为例，它的开封分号的经理，结交开封抚台为兄弟，一下子就把河南全省的财政收入都吸引从日升昌"过局"。还有，对盐业，清政府一直是专控的，只允许两淮商人经营，晋商本没有盐业许可证，但是他们通过贿赂两淮商人，并在两淮商人缺钱时给予慷慨的借贷，一点点地控制了盐业的经营权。这样的例子，还可以举出好多。晋商和清政府官员的互相利用无疑是晋商迅速致富的一个主要原因。明乎此，我们便不难发现，晋商的繁荣和富庶有相当的成分是靠官商勾结的手段得来的。

晋商以"走西口"出名，这一方面归于山西人肯于吃苦、敢于闯荡的进取精神，另一方面也有地理环境逼迫的因素。在中国的封建社会，山西历来属边关地区，和北方的少数民族来往密切，相对而言，受中原文化影响较小，又受战事的影响，文化教育一直不怎么发达。在"学而优则仕"的时代，科考一直是山西人的弱项。刘红庆先生写过一篇文章《屋顶下溜走梦中的平遥》，其中有这样一段话："晋剧中有不少描写为佳人所爱的才子最终考中状元的情节，估计那都不是发生在明清两朝的故事，或者不是山西人的故事。如若是，那也属于我们地方艺人画饼充饥式的自慰。因为在明清两代全国十八省的举子考试中，山西竟无一人得状元，这比中国姓张的从来没有一个做过皇帝还令人感到不可思议。"这段话透露出的信息可能会让很多人感到震惊。山西省在明清两朝数百年间竟然没有出过一名状元，这和晋商在商业上所取得的辉煌成就是多么不协调呀！

更可怕的是，在文化教育不发达的同时，晋中土地还不能为百姓提供足够的财富。万历年间的《汾州府志》记载："平遥县地贫瘠，气刚劲，人多，耕织少。"乾隆年间的《太谷县志》也对太谷县作了如下描述："民多而田少，竭丰年之谷，不足供两月。故耕种之外，咸善谋生，跋涉数千里，率以为常。土俗殷富，实由此焉。"

读书科考不得，而土地又贫瘠，"丰年之谷"尚"不足供两月"，不得已之下，他们只好选择"走西口"。口外，有朝廷的边关驻军，口外，有游牧民族，他们都需要大量的生活用品；而口外，还有毛皮、呢绒等内地少有的物产，这些是富贵之家需要的紧俏货。于是，在口里和口外之间，在边关和内地之间，晋商走出了一条通往财富的路。他们冒风寒，历艰险，终于通过"走西口"完成了资本的原始积累。

在关外赚到的钱需要运回山西，在这个过程中，晋商又创建了"票号"。平遥第一家票号（也是全国第一家票号）日升昌票号建立于道光三年，即1823年（一说是在道光四年，即1824年）。在此之前，通过几代人的积累，晋商已经非常富有了，他们的一些大商号在山西设总号，在外地设分号，形成了连锁经营的商业格局，分号与总号、分号与分号以及商号与客户之间的大宗买卖所需的现银解运业务越来越多。这样的现银解运虽然可以雇镖局押运，可是镖局押运很费时间，保镖费用也很大，有时也并不十分安全，商业的发展已经需要一种更高级的金融业务来与之相适应了。而促成这种新的金融形式的殊荣就落在了晋商雷履泰的身上。

雷履泰原来是山西平遥西裕成颜料庄的掌柜，西裕成颜料庄总号设在山西平遥，分号在北京。它是一家自产自销、产销兼营的颜料手工作坊。这个颜料庄在清嘉庆年间创立，至道光年间已经开办了20多年，成为众多颜料庄中资力雄厚、规模较大的一家。当时山西的平遥、介休、祈县、太谷、榆次等县的商人，也在北京开设各种商店，每逢年终结账，他们都要往山西老家捎去银两，一般都由镖局押运。这时，有人和北京西裕成颜料庄经理雷履泰商议，不从北京往老家捎银两，而是将现银交给北京西裕成颜料庄，由雷履泰在北京写信给平遥，人们持雷履泰的信至平遥西裕成颜料庄取现银，这样便省掉了雇保镖的费用。这样的事情起初不过是朋友之间的帮忙，后来要求汇兑的人越来越多，就有求兑者出一部分汇费作报酬。雷履泰感到这种兑汇生意有利可图，于是向东家李大全建议，由李大全出资30万两，把西裕成颜料庄改成了日升昌票号。

日升昌票号成立后，业务十分红火，其他晋商也纷纷效仿，票号很快就在平遥乃至山西发展了起来。到清末，山西票号在国内85个城市和日本东京、朝鲜仁川、南洋新加坡、俄罗斯莫斯科等地设立分号400多家。中国的兑汇业务基本上由晋商垄断了。平遥的日升昌更是票号中的佼佼者，它的分号最多、业务最大、信誉最好，在当时有"汇通天下"之誉。当时，清朝的官僚、豪绅、地主、走私商人以及鸦片贩子都用票号兑汇。在太平天国运动后，山西票号的业务更是拓展到了代户部解缴税款，为清廷筹借，汇兑抵还外债，承借、承汇商款，还本付息等，甚至卖官鬻爵、行贿的赃款都由票号"过局"。不妨举一个例子，据史料记载，兰州官钱局信用不高，1908年发生了挤兑风潮，官商不得不请平遥蔚丰厚票号兰州分号的总经理张宗祺出面维持，张慨然应允，不过数日市场即"恢复原状"，可见山西票号实力之雄厚。有人甚至说，山西票号实际上就是清政府的财政部。

辛亥革命前后，现代银行业在中国兴起，这些大银行多以外国资本为后盾，票号在经营理念和营业水平上根本无法与之匹敌，更由于山西票号与清政府的特殊关系，辛亥革命爆发，清朝被推翻，山西票号迅速衰败也就不可避免了。

晋商雄厚的财力是票号产生和壮大的基础，晋商成功的一个重要标志就是创建了"汇通天下"的票号体系，相应的，票号的衰败也就成了晋商衰落的重要标志。辛亥革命后，随之一家家票号的倒闭，晋商也慢慢地淡出了历史舞台。

一场没有赢家的博弈

隋炀帝开通了大运河之后，后代的人们便一直利用大运河将南方的粮食运到北方，这就是中国历史上有名的漕运。到了清朝，漕运成了经济生活中一件极为重要的事情，如果漕运不畅，南方的粮食不能及时运到北京，那么京城的安定就会受到影响。为了做好漕运工作，清朝特在江苏淮安设"漕运总督"一职，漕运总督之下设省一级的漕官，这些漕官直接向漕运总督负责，不向他驻在省的总督负责。这样，就出现了一个垂直的漕运系统，这些漕运官员负责疏浚运河、雇用船员、运送粮食等事宜。

到了嘉庆时代，这个庞大的漕运系统日益腐败，分布在运河各码头的世袭船户、雇用水手与漕运站的官员勾结在一起，形成了一个特殊的利益集团，他们在漕运的各个环节上下其手，损公肥私。这样做的一个直接结果就是运粮的船费大幅上涨。同时，他们还以弥补征粮定额为借口，勒索地方政府。漕运系统与地方政府的矛盾由此产生。一些地方官员希望朝廷能放弃漕运，改用海运。这样，便爆发了清朝历史上有名的"漕运海运之争"。

这场争论最初发生在1803年。当时，漕运制度已经千疮百孔了。黄河泛滥经常破坏运河河道，延迟漕运速度。主张海运的地方官员认为，利用大海运粮，不需要每年疏浚运河所需的大笔费用，还能省下通过漕运站要交纳的"过路费"，成本远远低于漕运。可是，与漕运有联系的官员极力反对这一提议，结果，海运派在第一个回合败下阵来。1810年，争论又起，因为运粮船这时再度被延误，京城的粮食一度告急。焦急的嘉庆皇帝征询大臣们的意见：可否漕运与海运并举，"两条腿走路"？为了维护既得利益，漕运系统的官员再次否决了启动海运的提案，说海运既不可行，也不可取。他们的理由是海上的气候恶劣，不适宜运粮，同时海上还有海盗，不安全。当然他们最重要理由是"意识形态"层面上的：漕运是祖宗之法，而祖宗之法是变不得的。

到了1815年，"漕运海运之争"再起。此时一批私营的海上贸易已经开展得红红火火了。据说当时已有3500条私营商船在通过海运赚钱，这些船只主要是把华北的豆子运往南方牟利。这就证明反对海运的理由根本不成立。私人都可组织船队通过海运赚钱，朝廷为何就不能开通海运？赞成海运的大臣认为自己的理由十分充足。

可是，这个时候，无论是运河上的商人还是沿海贸易的商人，都反对朝廷启用海运。反对的理由是基于这样的事实：运河上的粮运已大大商业化了。北上的粮船中相当大的一部分载货被控制在私人手中（这当然是官商勾结，化公为私的结果），南下的船只则装载能获利的私盐。

故纸眉批

故纸眉批

135

运河上的商人当然不愿意看着这么大的一块蛋糕被硬生生地割走。对从事沿海贸易的商人来说，他们压根就不愿让朝廷插手私人航运，因为那样意味着他们随时会受到官员的勒索与盘剥。

反对海运的官员很快就利用了上述情况，他们提出，朝廷可否开通海运应该调查沿海情况后再作决定。这个道理冠冕堂皇，谁也不能公开反对。调查"沿海情况"的结果是，沿海商人找种种借口说朝廷不宜开辟海运。结果，这次争论再次以海运派的失败而告终。

海运论战中两派的冲突在1824年达到了不可开交的地步，因为这一年开往北京的运粮船队陷进了淤泥中。形势比人强，这次道光皇帝终于决定开通海运，不过得向漕运系统妥协，称开辟海运是临时性的。为了赎买漕运系统的运粮特权，道光在启用海运的第二年又拨款疏浚运河。这一举措保证了漕运系统的"财路"不被切断。运河修好后，漕运系统理所当然地收回了运粮特权，海运在短暂启用后被废止。

1845年，京城的粮食再次发生严重短缺。这次倒是没有经过争论，朝廷毅然决定改用海运。但是腐败低效的漕运系统依然存在，直到太平天国运动爆发、运河南段被太平军控制后，漕运系统才不再"工作"。而此时，距1803年的那次"漕运海运之争"已隔着40多年的光阴了。也就是说，由于既得利益集团的阻挠，清朝的"海运"改革被推迟了40多年。40多年，一段多么宝贵的时间！在这段时间里，又该蕴藏着多少发展机会。

回顾晚清的"漕运海运之争"，我们必须说，这是一场没有赢家的博弈。表面上看，好像海运派赢得了最终的胜利，可是，他们的正确主张被阻扰了40多年。当他们的主张得以落实的时候，整个大清帝国也已经摇摇欲坠了。就漕运派而言，他们虽然一次次地维护住了自己的既得利益，可是，他们输掉了大义——国家的利益。更重要的是，他们就像一群过于贪婪的寄生虫，只知道拼命地吸血，而不知道一个简单的道理：寄生虫离不开寄生体，寄生体被吸干、啃死之时，便是寄生虫灭绝之日。

"一山放过一山拦"

在20世纪50年代，《自由中国》杂志在台湾非常有名，主持这本杂志的人叫雷震。雷震主持《自由中国》整整10年，在这10年间，《自由中国》宣传自由，倡言民主，与专制独裁的国民党进行思想斗争。斗争的结果是，蒋介石在1960年把雷震关进了监狱，关了整整10年。这便是当时震惊海内外的"雷震案"。在1961年雷震过65岁生日的时候，胡适手书了南宋诗人杨万里的绝句《桂源铺》赠予雷震："万山不许一溪奔，拦得溪声日夜喧。到得前头山脚尽，堂堂溪水出前村。"胡适此举的用意显而易见，一方面表达了对国民党打压言论自由的不满，另一方面则勉励雷震，思想自由的溪水终究是拦不住的，"堂堂溪水出前村"的日子终会到来。

由于与"雷震案"发生了牵连，由于胡适在特殊的时期所赋予的特殊寓意，杨万里的这首《桂源铺》变得更加有名——说起《自由中国》杂志，谈到雷震，人们往往就要引用这首诗。

其实，杨万里还写过一首在意境上与《桂源铺》截然相反的诗，这就是《过松源晨炊漆公店六首》中的一首："莫言下岭便无难，赚得行人空喜欢。正入万山圈子里，一山放过一山拦。"

乍一看，这两首诗格调迥异，前者"堂堂溪水出前村"充满豪情，后者"一山放过一山拦"则不免悲壮。可是，如果我们把这两首诗合起来体会，就会感到恰到好处。在人生陷入困顿的时刻，吟咏"堂堂溪水出前村"可以自壮自勉；而在人生得意之时，品读"一山放过一山拦"则可自省自查。前者让人不要垂头丧气，后者让人不要得意忘形。

对于"堂堂溪水出前村"所寄寓的"革命乐观主义"情怀，无需赘言，在这里我只就"一山放过一山拦"略作发挥。

就表面理解，"一山放过一山拦"确实容易给人以悲凉之感。但如果我们拓宽思路，此语同样可有积极的解读。那便是，人生也好，事业也罢，从来就不要指望一蹴而就，一定要作长期奋斗、持久学习、终身进步的准备。否则，你虽然征服了一座大山，但随时有可能会被另一座大山拦住。

更可怕的是，曾经代表着先进思想和进步势力的人，也很有可能成为拦在别人继续前进路上的"大山"。这样的例子在历史上是屡见不鲜的。奕　就是一个例子。在洋务运动时期，恭亲王奕　代表着进步势力，他力排众议，支持洋务运动。可是，到了康有为、梁启超等人发动戊戌变法的时候，奕　却成了保守势力中的一员。在戊戌变法中，康有为、梁启超等人策划、起草过12道新政诏书，准备通过光绪皇帝颁行，但是被奕　阻挠，他反对民权平等学说和君主立宪的主张。曾经被"大山"阻拦过的人此时自己也成了拦在别人前进路上的"大山"。同样的情形也发生在康有为身上，在戊戌变法前后，康有为无疑是时代的先知，代表着中国进步的势力，那时，拦在他前面的是以慈禧太后为首的保守势力。可是，当孙中山领导革命，要推翻清朝时，康有为却变得保守，时时喊着"保皇"，曾经的先知变成了落伍者。这就是中国历史上一再发生的"一山放过一山拦"的活生生的现象。克服过无数障碍，攀越过一座又一座"大山"的人，当他站到高处的时候，他本人极有可能变成另一座"大山"，阻碍后人继续前行。

这就告诉人们，不要轻易地把所有美好的希望都寄托在某个人或某些人（团体）身上，哪怕这个人或这些人曾经无比辉煌。事业的发展只能靠我们自己一步一步地去奋斗，社会的进步则要靠一代又一代人以接力赛的方式去实现。

"罗彩霞事件"与清朝的科场大案

高考是我国最重要的选拔人才的制度，维护高考的公平和公正无疑是十分重要的。可是，罗彩霞事件让我们再次看到了强权对社会公正的戕害。在庄严的高考中，两个女孩的遭遇却是那样的不同。2004年，考了514分的农村女孩罗彩霞连一所专科学校的录取通知都没有等到，而她的同班同学王佳俊虽然只考了335分，却顺利走进了贵州师范大学，攻读本科。她在大学里的名字就是罗彩霞，原因就在于王佳俊有一个担任湖南隆回县公安局政委的父亲王峥嵘。现在，这个事件虽然曝光了，但王佳俊顶替罗彩霞的细节尚未查清，除了王峥嵘之外，还有哪些官员牵扯其中，人们正拭目以待。在关注这起高考舞弊案进展之际，我们不妨回顾一下清朝的科场舞弊案。以历史对照现实，我们或许就会得到诸多启迪。

有清一朝，大的科场案（由科举引发的舞弊案）共有三起，分别为顺治十四年的丁酉科场案、康熙五十年的辛卯科场案和咸丰八年的戊午科场案。

顺治十四年（1657年），江南地区选拔举人的乡试将在江宁（今南京）举行。顺治皇帝核准了礼部遴选的20名考官，专门召见主考方犹、副主考钱开宗，叮嘱告诫秉公选拔贤才，切勿营私舞弊。

自谓圣门弟子的考生良莠不齐，有心术不正者自知翰墨低劣难以录取，各找途径以钱开路。主考也好，考官也好，在黄金白银面前乱了方寸，或半推半就，或来者不拒。早在发榜前，业已风传考场关节颇多。榜发之时传言有了印证：多个众所周知才低品劣之徒弹冠相庆，而饱学之士尤侗、汤传楹等却名落孙山。文庙看榜现场骚动起来，有人大呼"考场不公"，引来无数人围观。

正副主考方犹与钱开宗心慌意乱，匆匆整理行装登船离宁。闻讯赶到的考生紧追不舍，叫骂声中，砖头瓦片如蝗飞来。

江南乡试舞弊事不胫而走，顺治下令彻查，并下令让已录取的举人重考。复试在紫禁城太和门举行，顺治帝亲自主持，复试后有14人被取消了举人资格。

追查之下，又查出了考官受贿之事。顺治皇帝严惩舞弊人员：方犹、钱开宗着即正法，妻子家产籍没入官；叶楚槐等17名考官着即处绞，妻子家产籍没入官；已死之考官卢铸鼎，妻子家产籍没入官；考生方章铖等8人俱着责四十板，家产籍没入官，父母妻子兄弟并流徙宁古塔。

这样的处罚十分严厉，一时之间朝野震动，此后50年间，科场舞弊几近绝迹。

到了康熙五十年（1711年），江南贡院又发生了一起震惊朝野的科场案。此次科场的主考官是左子藩，副主考官是赵晋。考完了之后，饱学之士落榜，而不学无术之徒榜上有名。为抗议科举不公，士子们抬了财神像到府学游行示威，事情闹大了。这样的"群体性事件"发生后，康熙皇帝十分生气，派钦差大臣下去查案，钦差大臣一查之下，发现受贿的人员中不但有副主考官赵晋，而且还有总督噶礼。面对着封疆大吏，钦差大臣就想着"大事化小"，惩办几个小官交差了事。但巡抚张伯行力主"不管涉及到谁，都要一查到底"，结果就出现了总督和巡抚"互参"现象——巡抚向康熙告状，说总督噶礼受贿，总督噶礼也告状，说巡抚张伯行指使人诬陷。此案查了一年多，最后查清了总督噶礼、副主考官赵晋等人舞弊的事实。康熙下令，将副主考官赵晋和另外两个考官处斩，噶礼、左子藩革职。

咸丰八年（1858年），顺天府乡试中发生了戊午科场案，此次的主考官是大学士、军机大臣柏俊，副主考是户部尚书朱凤标和左副都御史程庭桂。考后发榜，人们在前十名中赫然见到旗人平龄的名字。他是一位著名的京剧票友，经常登台演出，因而引起舆论大哗。因为当时规定，伶人是不许参加科举的，遑论中举。随后，御史孟传金上奏咸丰皇帝，参劾此次乡试有舞弊行为，特意指出"平龄朱墨不符"。为防止考官认出考生笔迹从中舞弊，清代科举考试规定考生所写的试卷用墨笔，然后由指定人员用朱笔誊写，呈送考官审阅。"朱墨不符"即意味着平龄的试卷已被篡改或调换。咸丰命怡亲王载垣、郑亲王端华、兵部尚书陈孚恩等会审此案，戊午科场案就此开场。

平龄被提审，但不久即死于狱中。等重新勘察平龄的试卷后，竟然发现其墨卷内的草稿不全，朱卷内也有7个错别字曾被人改动过。继续调查，发现此次乡试中，错误试卷竟有50多本，甚至有一人的试卷错别字达三百多个，竟然也能中举。咸丰闻讯大怒，立即将主考官柏俊革职，朱凤标和程庭桂解任。随着案情的进一步深入，柏俊卷入舞弊的证据浮出水面。考生罗鸿绎通过同乡兵部侍郎李鹤龄的关系，结识了考官浦安；浦安又通过柏俊的看门人靳祥的关系，请求柏俊同意调换罗鸿绎的试卷使其中举。事后罗鸿绎又向柏俊、浦安行贿。

咸丰九年二月十三日，载垣等人向咸丰汇报案情及处理方案，拟将柏俊"比照交通嘱托，贿买关节例，拟斩立决"。由于柏俊是咸丰的爱臣，因此咸丰想替他开脱，但"诸臣默无一言"，无人附和，而户部尚书肃顺当场力争，认为科举是国家选拔人才的重要制度，应该严格执法，力主将柏俊明正典刑。在此情况下，咸丰同意将柏俊"斩立决"，同案犯浦安、李鹤龄、罗鸿绎也被押往菜市口斩首，此事震动朝野。有清一朝，极少有一品大员被公开处斩，而身为一品大员的柏俊竟因科举舞弊而被处斩，实出预料。据说，柏俊本人认为皇帝会将其发配边疆，因此都准备好了行李，没想到等来的却是被斩首的命运。

其实，柏俊在此次科场案中只接受了浦安十六两银子的酬谢，他主要是囿于人情才调换考卷的。在当时腐败成风的官场，他不过是遵循了一次"潜规则"而已。可是，清朝向来重视科场公正，对科场舞弊案历来从重处罚，柏俊这次算是撞到了枪口上。

纵观清朝的三起科场舞弊案，我们会发现一些共同的特点。其一，初由科举舞弊引发，越查牵扯到的高官越多，级别越来越高。可见，科场舞弊案从来就不是一个考生收买一个考官这么简单，它的背后往往牵扯着复杂的腐败链条和官场纠葛。其二，要查清科场舞弊案，非下大力气不可。清朝的三起科场舞弊案，最后都是皇帝亲自出面才查清的，康熙查处辛卯科场案时，还借助了"密折"。时任苏州织造的李煦是康熙的包衣（家奴），他通过"密折"，不断向康熙汇报辛卯科场案的有关状况，这才使康熙没有被各级官僚蒙蔽。其三，总体而言，清代的皇帝还是很维护科举的公正性和纯洁性的。发现科场舞弊案后，三位皇帝均非常重视，不但坚持了"一查到底"的原则，而且惩罚的力度也很大。三次科场舞弊案，三次都有高官人头落地，这样的力度显然要比处理一般性的腐败案件大得多。

选拔人才的考试制度历来都是社会公平的一个最重要的标杆，如果听任这一制度遭受破坏，那么社会公平将很快坍塌。我想，正是出于这种考虑，清朝的三位皇帝才不惜借高官的人头来表达自己维护科场公正的决心。如今，"罗彩霞事件"发生了，我们的有关部门又将如何处理呢？等着看吧。

1909年的励志诗

在一般人的记忆中，一百年前的1909年没有特别重大的历史事件发生。此时距1898年的维新变法运动已10年有余，当年支持维新的皇帝光绪和反对维新的太后慈禧都已于前一年（1908年）相继辞世。推翻帝制的辛亥革命要两年后才发生，五四运动是10年之后的事，中国共产党的成立则要等12年，而距离新中国的成立还有整整40年。

可是，1909年依然不平静。这是大变革的前夜，看似风平浪静，实则潜流暗涌。这一年，50岁的袁世凯迎来了他政治生涯中的"冬眠期"。袁世凯靠小站练兵起家，受到晚清重臣李鸿章的赏识和推举，于1901年当上了直隶总督、北洋大臣，1907年调任军机大臣，成为中枢重臣。在1901年到1908年间，袁世凯大力推进新政，废科举，建学校，办新军，筑铁路，成效不凡。在这个过程中，袁世凯的势力也发展壮大，形成了日后所谓的北洋军事政治集团。1908年11月，光绪皇帝和慈禧太后相继去世，爱新觉罗·溥仪继承了皇位，溥仪的父亲醇亲王载沣摄政。载沣本来就与袁世凯政见不合，更因袁世凯在戊戌政变中出卖光绪皇帝一事而心怀怨恨，一度"铲除"袁世凯，后来害怕激起北洋新军兵变，遂于1909年1月将袁世凯"开缺"（解职）回乡，理由是袁有"足疾"。

位高权重的袁世凯突然被清廷解除了所有职务，这堪称1909年中国政坛的一次大地震。不但很多中国人感到意外，就连国际社会也"深感震惊"。袁世凯被解职后两小时，美、德、英等国的驻华大使在英国使馆召开紧急会议，商议采取统一行动；次日，各国大使再次在美国使馆开会。德国外交部甚至宣布，鉴于中国局势不明朗，德国将推迟从中国撤回远征军的计划。国际上的媒体报道和评论了此事。《纽约时报》评论说，袁世凯被解职后，中国将会发生更多的"革命暴动"；《泰晤士报》指出，清廷解职袁世凯的公告冷淡无情；《芝加哥每日论坛报》认为，袁世凯被解职标志着中国的新政（改革）将就此停滞……

外国人的判断并没有得到印证。被解职的袁世凯并没有利用自己掌控的政治和军事势力向清廷发难，而是"温顺"地回到了河南安阳的洹上村，过起了"烟蓑雨笠一渔舟"的赋闲生活。他还将自己披蓑衣、戴斗笠，悠然垂钓的照片送到上海的《东方杂志》发表，目的当然是向朝廷表态：我老袁很享受这种优哉游哉的赋闲岁月。

实际上袁世凯是在韬光养晦。他知道，当年的商朝名相伊尹在朝中遭人诽谤，不得已而选择隐居，隐居的地点就是洹上村。三年后，商王亲自到洹上村礼请伊尹回朝。在内心深处，袁世凯是以伊尹自比的。他为自己的"垂钓照"写了两首诗，名为《自题渔舟写真二首》，其中的一首是："百年心事总悠悠，壮志当时苦未酬。野老胸中负兵甲，钓翁眼底小王侯。思量天下无磐石，叹息神州变缺瓯。散发天涯从此去，烟蓑雨笠一渔舟。"另外，他在1909年还写了一首《登楼》："楼小能容膝，檐高老树齐。开轩平北斗，翻觉太行低。"这两首诗明明白白地道出了他身虽隐居、心雄天下的心态。

袁世凯果然等到了机会。两年后，辛亥革命爆发，清廷不得不请袁世凯重新出山。这次，他坐收渔翁之利，一面逼着清帝退位，一面与革命党讨价还价，为自己谋得了大总统之职。看来，袁世凯在人生低谷时所写的励志诗并非虚妄。

同样是在1909年，22岁的蒋介石正在日本士官预备学校读书，他也写了一首诗《述志》："腾腾杀气满全球，力不如人万事休！光我神州完我责，东来志岂在封侯！"作者的志气亦为不小，"东来志岂在封侯"，后来的蒋介石成了"委员长""总统"，地位远在"封侯"之上。

还是在1909年，年仅16岁的毛泽东离开家乡，外出闯荡。离别之际，他给父亲写了一首诗《七绝·改西乡隆盛诗赠父亲》："男儿立志出乡关，学不成名誓不还。埋骨何须桑梓地，人生无处不青山。"诗中的那份志向、那种决绝丝毫不逊于前人。毛泽东后来成了新中国的缔造者，其业绩妇孺皆知，不必赘言。

中国古代有"一诗成谶"的说法，三位大人物在1909年都写下了励志诗，他们后来都实现了自己的志向，他们的诗成了"谶语"。仅从这一点上看，1909年就显得很特别，因为此后中国几十年的命运，都与这三个人密不可分。

民国时期的"封口费"

利用"封口费"来收买新闻记者，以达到"有偿新闻"和"有偿不新闻"的卑劣目的，这样的事情"古已有之"。远的不说，仅民国时期就出过好几起。

1915年，袁世凯要复辟帝制，为了取得舆论的支持，派帝制分子、《亚细亚日报》总编薛大可带30万元巨款去上海"运动报界"，同时还派人到广州去贿赂报纸和报人。当时，北京的《国华报》《国权报》、上海的《大共和日报》《时事新报》、长沙的《大公报》、广州的《华国报》都接受了袁世凯的贿赂。被派到广州收买报纸的人，到达广州后，对广州各报馆每家每月一律送银元"三百"（折合现在人民币约万元）。对报纸发行人、编辑、记者也大加笼络，发干薪、送宣传费、给红包等等。那些接受了袁世凯贿赂的报纸和报人，其论调便以筹安会的意志为转移，颂扬袁世凯的"雄才大略"，随后又声讨反袁的蔡锷将军。

当然，真正的新闻人是不会被金钱收买的。袁世凯曾派人携15万巨款贿赂著名报人史量才和他执掌的《申报》，遭到了史量才的断然拒绝。史量才拒绝之后还在1915年9月3日的《申报》上以"答读者问"的方式刊出"本馆启事"："有人携款十五万来沪运动报界，主张变更国体"，"所有馆中办事人员及主笔等，除薪水分红外，从未受过他种机关或个人分文津贴及分文运动。此次即有人来，亦必终守此志。再本报宗旨，以维持多数人当时切实之幸福为主，不事理论，不尚新奇，故每遇一事发生，必察真正人民之利害，秉良心以立论，始终如一，虽少急激之谈，并无反覆之调。此次筹安会之变更国体论，值此外患无已之时，国乱稍定之日，共和政体之下，无端自扰，有共和一日，是难赞同一日，特此布闻。申报经理部、主笔房同启。"用现在的话说，这不但拒绝了贿赂，而且还把行贿者给曝了光。还是在1915年，梁启超写了一篇题为《异哉所谓国体问题》的文章，批评袁世凯企图恢复帝制的做法。袁世凯得知这一情况后，赶紧派人找到梁启超，要以20万元巨款买下此文。当时的20万元巨款超过现在上千万人民币的购买力，但梁启超不为所动，毅然决然地发表了这篇著名的政论文章，随后又和他的学生蔡锷一起策划了护国运动，最后终于挫败了袁世凯复辟帝制的阴谋。

10年之后，1925年，著名报人邵飘萍支持郭松龄倒戈，反对军阀张作霖，并促成了冯玉祥和郭松龄的联合。他在《京报》上不断发表通讯和评论文章，揭露张作霖的罪行。张作霖慌了神儿，赶紧汇30万元巨款给邵飘萍，想以此让邵飘萍"封口"。可是，邵飘萍断然拒绝了，他不但把钱退回了，而且还说："张作霖出30万元收买我，这种钱我不要，枪毙我也不要！"这让张作霖非常气愤。张发誓打进北京城就要枪毙邵飘萍！1926年4月，张作霖攻占了北京，邵飘萍果然被杀害了。

将民国时期军阀们收买报人和报馆的做法与今天的"封口费"事件作比较，我们不得不感慨：现实和历史何其相似乃尔！出了问题，首先想到的就是"捂住"，不要让外界知道，为此就要想方设法收买记者。面对金钱的诱惑，总会有一大批人放弃原则和操守，成为"端着新闻饭碗的丐帮"，这一点也是古今一致的。还有一点一致之处是：金钱固然可以收买一些人，但它永远不能收买所有的人。真正的新闻人不会为了"封口费"就泯灭了良知，就放弃了自己的职业操守。他们一定会秉笔直书，让人们了解到事情的真相。当年有一批新闻人拿了袁世凯的干薪和红包，对袁世凯搞起了"有偿新闻"，但是，史量才站了出来，他一个人就把这场精心策划的把戏全揭穿了，他一个人就破坏了一个大军阀和一批无良报馆之间的共谋。今天的"封口费"也与此类似，一批没有操守的记者拿了干河煤矿的"封口费"，可是《西部时报》驻山西记者戴骁军拍下了双方交易的照片，《中国青年报》随后的报道揭开了新闻界这耻辱的一幕。正因为有了良知和正义的坚守，所以我们才不会对未来过于悲观。

我们当然要进行反思：为什么会有那么多的记者去拿"封口费"，他们的新闻理想和职业操守到哪里去了？我相信，很多人在刚刚踏入新闻界的时候都是有理想有抱负的。学习新闻史的时候，他们佩服梁启超、史量才、邵飘萍等人，甚至还立志向这些人学习。可是慢慢的，一些人就蜕变成了拿"封口费"的角色。在转变的过程中，他们个人的因素当然是主要的，但是，我们的社会环境就没有一点责任吗？我一直认为，金钱对新闻的腐蚀远不是最主要的，目前对新闻最大的干扰仍然来自强权势力。"强权新闻"和"强权不新闻"对中国整个新闻事业的摧残和伤害才是最致命的。中央电视台的敬一丹曾经跟温家宝总理说过，《焦点访谈》的许多批评报道胎死腹中，被"说情"掉了。能够到中央电视台《焦点访谈》去"说情"的，会是凡夫俗子吗？显然不是。中央电视台尚有这样的遭际，地方媒体的苦衷就更不用说了。

当新闻媒体和新闻记者常常"不得不"向强权势力屈服的时候，新闻的真实性和公正性其实就已经受到严重侵害了，新闻记者的理想和激情也随之受到了挫伤甚至是玷污。理想和激情丧失殆尽之后，职业道德的底线被突破也就不值得大惊小怪了。理想和操守往往是相互依存相互支撑的，没有操守，理想很难实现；没有了理想，操守很难恪守。

现在的新闻记者，一部分需要被监督以恪守职业操守，更大的一部分则应从前辈那里汲取精神力量，自我提升，重新背负理想与激情上路。

选择合作者的智慧

文幼章（1898~1988）是加拿大的一位传教士，他出生在中国的四川，12岁的时候回到加拿大读书，1925年的时候又来到中国，长期在四川传教和教书，很有声望。1934年，蒋介石和宋美龄在江西南昌发起了"新生活运动"，企图重整道德，改变社会风气。这项运动先在江西发动，随后推向全国。1939年，蒋氏夫妇到四川抓"新生活运动"，他们要物色一个熟悉四川情况、有一定社会声望的外国传教士当顾问，当地的基督教组织推荐了文幼章。于是，文幼章受到了蒋介石的召见并被聘为"新生活运动"的顾问。

"新生活运动"的具体内容大体包括以下几个方面：一、以礼、义、廉、耻为基本准则，教育百姓要讲究秩序，服从管理，不犯上作乱。二、从改造国民的日常生活做起，规定了若干生活细节。如要拔上鞋跟，扣齐纽扣、走路要胸部挺起、邻里要和睦等。三、以整齐、清洁、简单、朴素、迅速、确实为标准，在"一个政府、一个主义、一个领袖"之下，绝对统一，绝对团结，绝对服从命令。四、以生活艺术化、生产化、军事化（特别是军事化）为目标，准备随时"为国捐躯""尽忠报国"。作为基督教传教士和汉学家，文幼章对改造当时中国颓废的社会风气、重建良好的道德规范有相当的认同。基于这个原因，他接受了"新生活运动"顾问的头衔，开始了他与蒋氏夫妇的合作。

可是，随着"新生活运动"的不断发展，文幼章发现问题远不是他想像得那么简单。光从表面上看，"新生活运动"的主张似乎是好的，可在实践操作的过程中，蒋氏夫妇是要用封建的伦理纲常来控制人民的思想、言论和行动，用对民众生活细节的要求来转移人民对国民党政治腐败、军事无能、财政危机、文化钳制的不满。更关键的是，蒋介石还在"新生活运动"的各级领导人中间安插特务，并以"新生活运动"的名义打击中国的民主力量和言论自由。文幼章认识到：自己选择与蒋介石合作、担任"新生活运动"顾问的做法实在是一个错误。于是，他给宋美龄写信，批评"新生活运动"，说"这是在搞法西斯主义，毫无价值可言"。1940年，文幼章断然辞去了"新生活运动"顾问的职务，中断了他与蒋介石的合作。这之后，文幼章除了继续教书外，还于1944年秘密接受了美国战略情报局的任务，在中国搜集情报。

1945年1月，文幼章在重庆的一次记者招待会上结识了周恩来。周恩来向文幼章介绍了中国共产党的政治主张，并提出建立经常的联系，以便让更多的外国人正确地了解中国的情况。文幼章坦率地告诉周恩来："我还是美国战略情报局的谍报人员。"周恩来回答："这个，我们早已知道。但这并不妨碍你支持中国人民的正义斗争。"此次谈话之后，文幼章果然更加"支持中国人民的正义斗争"，他在进步学生的集会上发表演讲，批评国民党的独裁统治。1946年，他应周恩来的邀请，推迟了回国的时间，留在上海，帮助共产党编辑英文刊物《上海通讯》。这份刊物免费发放给英语世界的知名人士，向他们介绍国民党搞独裁统治、镇压人民的罪行。1947年，文幼章回到加拿大，此后一直致力于世界和平运动，被誉为"中国人民的老朋友"。

作为一个有声望的外国传教士，文幼章曾与国民党合作，后又与共产党合作。他的这种转变意味深长，有着相当的象征意义。从大的方面讲，文幼章的选择再次印证了"得道多助，失道寡助"的历史规律——国民党"失道"，所以"寡助"；共产党"得道"，所以"多助"。从小的方面讲，我们可以看出文幼章选择合作者的智慧——他没有被表面

故纸眉批

现象所迷惑，而是看到了本质，看清中国未来的发展方向。

一个人能够在纷纭复杂的社会上正确地选择合作者，这是一项了不起的本事。很多人往往就是因为选错了合作者而导致失败。范增本来也是一个不错的谋士，可惜，他辅佐了项羽。假如他选择的合作者不是项羽而是刘邦，那么结果肯定大不一样。李敖曾说，选择跟什么样的人一起战斗有时比为什么战斗还重要。此言甚是。譬如，一个成年人，想找个异性结婚实在是一件极为正当的事。但是，我们必须明白，找个什么样的人结婚，远比结婚本身更重要。可接下来的一个问题是，想找到一个好的合作者容易吗？

答案是：不容易。

孔子当年坐着牛车周游列国，目的就是要找到一位合适的君王，然后与之合作，实践自己的"仁政"思想。孔子最终也没有找到好的合作者，所以才在晚年选择了著述和讲学。孔子之后，孟子也是如此。在战国七雄中，孟子最看好齐国。在齐威王时期，孟子就曾到齐国宣传自己的"仁政"主张，齐威王送给孟子"上等金100镒"，但不接受他的政治主张。孟子拒绝了馈赠，失望而去。到了齐宣王时期，孟子再次来到齐国。这次他享受到了统治者给予的优厚待遇，"受上大夫之禄，不任职而论国事"。他与齐宣王进行了多次交流，"推销"他的"仁政"思想。碍于孟子的学术威望，齐宣王口头上表示要"尝试"孟子的思想主张，可实际上并不行动。孟子见自己的思想主张难于在齐国实行，准备再次离去。齐宣王开出了更优厚的条件——"养弟子以万钟"——来挽留孟子。可是，他挽留孟子的目的是为了让孟子和其门徒成为道德楷模，以供齐国人学习。孟子要的是自己的思想主张得到真正落实，所以他最后还是选择了离去。可是，等真要离开齐国的时候，孟子又犹豫了，他说："千里见王，是予所欲也；不遇而去，岂予所欲哉？予不得已也……予虽然，岂舍王哉？……王如用予，则岂徒齐民安，天下之民举安。王庶几改之，予日望之!"怀着幻想和期待，孟子在齐国的边境上逗留了三天，等待齐宣王来追他回去，然而，齐宣王没有来。在我看来，孟子的这段际遇堪称中国思想家与统治者之间貌合神离的经典范例。它告诉后人，作为一个人文学者，能否被当权者赏识、礼遇是一个层次，自己的思想主张能否被当权者接纳则是另一个层次。做到前一个层次很难，做到后一个层次就更难了。

由此可见，选择合作者，除了个人的智慧之外，机遇也很重要。在这一点上，文幼章要比孔子、孟子幸运得多，在离开了蒋介石之后，他还能遇到周恩来。不过，文幼章也好，孔子、孟子也罢，他们在选择合作者这个问题上有一点是相同的：他们都坚持了"宁缺毋滥"的原则，忠于自己的独立思想，不拿精神原则做物质交易。文幼章没有因为自己得到过蒋介石的礼遇就在精神上臣服于蒋介石，孔子和孟子更是如此。

当今社会，提倡人与人之间的合作。那么，我们在选择合作者的时候，是不是也应该借鉴一下古人的智慧?

"颠了"之后

李敖先生曾经将人民与政府之间的关系形象地概括为以下几种：服了、熊了、颠了、拼了。其中，"颠了"是指一些人因不满政府的统治，离开自己的祖国，去另外的地方寻找自己的幸福生活——"不跟你们玩了"。从理论层面上讲，"颠了"表面看是一种消极的逃离，可实际上是有积极意义的——它表明了一种决绝的态度，大有《诗经·硕鼠》中所说"逝将去女，适彼乐土"的味道。从实践层面上讲，确实有人在"颠了"之后大有作为——美国就是当年一批从英国"颠了"的人创建的国家。

1620年，约翰·温斯罗普带领着一批清教徒，乘坐"五月花号"，跨越了三千英里的大西洋，从英国来到北美蛮荒。这批清教徒因在英国遭受过迫害，所以他们既不想当奴隶，也不想当主子。他们在登陆普利茅斯时签订了那份有名的《五月花公约》，宪政和契约精神在这份历史文献中得到了充分的体现。他们将财富视为上帝恩宠的象征，是"得救"的外在迹象，因此以富裕为荣。同时他们又主张勤奋节俭，反对奢侈。按说，北美大陆是这批人的"乐土"，这批人又具有显而易见的创业精神，他们的幸福生活应该唾手可得的。可是，问题没那么简单。从英国"颠了"，需要勇气；在一块新大陆上创建国家则需要更高的智慧。

摆脱了英国的清教徒最初是存有乌托邦幻想的，他们认为，自己跨越大西洋的迁徙之举是完成与上帝的约定。当踏上北美土地的时候，"上帝的子民"就已经获得了独立和自由。剩下的，就是创建"山巅之城"了。"山巅之城"是他们的一种宗教色彩极浓的理想，他们要按照《圣经》的蓝图去创建教会和政府，引导人民服从上帝，勤奋工作。为此，他们创建了著名的三大契约：天恩之约、教会之约和公民之约。天恩之约是信徒个人与上帝之间的约定，教会之约是信徒之间的约定，而公民之约是信徒作为公民在组建世俗政府时的约定。显而易见，在最初的契约中，宗教色彩十分强烈。在马萨诸塞殖民早期，只有教会会员才有在政府中任职的权利。

可是，现实的发展永远会超出人们的预料。到了移民的第二代，美国人的宗教色彩大大减弱，原因是清教徒的子女们对父辈视为神圣的宗教已经不很在意了。这些孩子没有宗教体验可以汇报，因而也就不能取得教会会员的资格；没有教会会员的资格，他们就不能在政府中任职。可是，如果不接纳他们为会员，政府中空缺的职位让谁去承担？再下一代又该怎么办？这个政权日后又该如何维持？这个问题让美国的第一代移民大伤脑筋。他们根本没有想到，对自己不惜用生命去捍卫的宗教信仰，儿女们根本就不懂得"珍爱"。天然的血缘关系和父辈们的奋斗史都无法填平深深的代沟。我相信，在那个时候，美国第一代移民的苦恼丝毫不亚于当今中国望子成龙的家长们。

怎么办？

最后，父辈妥协了。他们只好降低标准，在1662年搞了个"半途契约"，规定凡是教会会员的子女都能成为"半会员"，以使他们的子女能照样受洗，并有望成为会员。在教会不惜改变原则以迁就现实的时候，清教现代化的过程也就开始了，而这一过程一旦开始就再也不能停下来了。清教徒"山巅之城"的理想在世俗压力面前失败了，可是一个迁就人性的文化传统却保留了下来；"山巅之城"的理想失败了，可一个强大的美国有了良好的精神基石。正是凭着这种与时俱进的灵活的精神气质，逃离英国的这批清教徒把自由思想和宪政理念深深地植根在了北美这片神奇的土地上。

在现实生活中，"颠了"不但可以用来形容人民和政府之间的关系，而且可以旁及个人与家庭、个人与家乡、个人与团队等很多关系。比如，一个人对家庭不满，可以离家出走；一个人对家乡的环境不满意，可以远走他乡；一个人对单位所给的报酬不满，可以选择辞职离开。这些都可称之为"颠了"。"颠了"本身没问题，关键是"颠了"之后怎样。清教徒创建美国的这段历史告诉我们：面对不堪忍受的打压和迫害，逃离本身就是一种勇敢的值得嘉许的行为。但是，逃离决不意味着一了百了。

逃离梦魇并不意味着一定会迎来光明，"颠了"之后往往还会有新的料想不到的困难在前方等着你，这便是"一山放过一山拦"的道理。理想永远在彼岸，在天国，在我们每个人的心中。在坚硬的现实面前，我们最需要做的，其实是努力地寻找理想与现实的契合点，就像美国人当年搞"半途契约"一样。

奥德赛的智慧

纪晓岚在《阅微草堂笔记》中讲过这样一则故事：一个和尚一心想修行成佛，可是一个魔女却想勾引他，使他破戒。每当和尚在蒲团上打坐修行的时候，魔女就来搔首弄姿。起初几天，和尚不为所动。后来，魔女改变了战术，她对和尚说，大师的意志力如此坚定，小女子实在钦佩。不过，以你现在的修行，还达不到佛学中的高境界。你现在不敢接近我，就是怕一旦接近我破了戒，败坏了你的道行，可见你还不能摆脱色相。佛学的高境界是'诸菩萨天'，就是看花也无所谓花，看镜子也无所谓镜子，看水也无所谓水，看月亮也无所谓月亮，那时，你的所见所感全是"实相"，又全是"空"。所以，如果你能让我靠近你而你的本心不受影响，那我就全心全意地敬佩你，从此再也不来打扰你了。和尚一听，觉得魔女所说也有道理，并揣度自己的法力足以战胜诱惑，就答应了魔女的要求。于是，魔女依偎到了和尚的怀中，百般挑逗。最后，和尚终于控制不住自己的欲望，破了"色戒"。事后，和尚悔恨不已，羞愤而死。

这个故事本身是虚构的，戏谑的，但是它其中蕴含的道理却是真实的，严肃的。对一个人来说，最难的修为便是对自己的欲望有良好的控制能力。如果不能很好地控制欲望，我们就会成为各种欲望的奴隶。随手可举的例子便是贪官。很多贪官并不是一开始就腐败，甚至他们在成为贪官之前往往还有一段可圈可点的奋斗史，他们中的大多数都是像前文提到的和尚一样，在某一特定的时刻屈服于卑下的欲望，"破了戒"。而那一刻也就成了他们人生的"拐点"。在此之前，他们听凭"佛"（良知、正义、责任感等）的召唤；在此之后，他们屈从于"魔"（贪欲、色相、关系网）的摆布。诚可谓"佛魔一念间"呀！

那么，我们到底该如何控制自己的欲望——尤其是在自知"道行"还不够的时候，《荷马史诗》中的一段故事恰好可以给我们以深深的启迪。

洗劫了特洛伊之后，奥德赛带兵返回希腊。在返回的途中，他们遇到的危险之一就是塞壬的歌声。塞壬是半人半鸟的海妖，她有着天使一般的面容和美妙无比的歌声，她的歌声充满了无尽的媚惑。只要听见了

故纸眉批

157

塞壬的歌声，任何航海者都会受到诱惑，然后会不由自主地向她所在的岛屿驶去，结果导致船只触礁沉没。英雄奥德赛知道塞壬的歌声有致命的诱惑力，于是就事先防御。在船队快要经过塞壬所在的岛屿时，他将自己绑在船的桅杆上，又让船员和士兵用蜡封住自己的耳朵。这样，船员和士兵听不见塞壬美妙的歌声，奥德赛本人虽能听到歌声却不能活动。这种精心的安排使得奥德赛的船队免受灭顶之灾，奥德赛本人也因此成了听过塞壬的歌声还能活下来的第一个人。

拿奥德赛与前文提到的和尚相比，我们就不得不佩服奥德赛的智慧。他的智慧不在于使自己修行到了很高的"道行"，而在于他懂得如何控制自己的欲望。那便是：其一，控制欲望不能只凭个人的意志力（像前文提到的和尚那样），有时还可依靠外物（比如蜡和绳子）；其二，控制欲望必须防患于未然，在面对诱惑之前就采取巧妙的对策，而不能等欲望最强烈的时候才想去控制，那样常常就为时已晚了。

学会自我控制是每个人必修的一门功课，可是很多人都没有足够的自控力。想减肥的人往往抵制不住美食的诱惑，想攒钱的人往往抵制不住购物的诱惑；赌徒屈从于赌瘾，吸毒者屈从于毒瘾；流氓是淫欲的奴隶，贪官是贪欲的奴隶……可以说，这些人都缺乏奥德赛的智慧。

在欲望丛生的当今时代，我们有必要向古代的英雄奥德赛学习。我们每个人都有强大和软弱的时候，我们应该趁着强大的时候意识到自己的弱点，并预先做好防范工作。在这一点上，马英九先生说过一句经典的话："美女坐怀我也会乱，所以我能做的就是：尽量不要让美女坐到我的怀里。"这才是一个聪明人控制自己欲望的正确做法。

罗斯福新政的启示

　　80年前席卷世界的那场金融危机是从"黑色星期四"开始的，这一天是1929年10月24日。在此之前，美国经济一直处在歌舞升平之中，可是在10月24日这天，美国股市骤然下跌，股票价格下跌之快，连股票行情自动显示器都跟不上趟。股市上5000多亿美元的财富一夜之间就"蒸发"掉了。更关键的是，金融风暴迅速波及实体经济，5500家银行倒闭，全国金融界陷入窒息状态，企业大批大批破产，商店被迫关门，失业人数高达劳动人口总数的1/4。因购买力低下，农产品卖不出去，农民将牛奶倒入大海，整个美国经济迅速退至1913年的水平。

　　此时的美国总统是胡佛。胡佛是一位坚定的自由主义者，他出生于铁匠家庭，全凭个人奋斗进入了斯坦福大学。由于能力非凡、成绩卓著，他不到四十岁就成了百万富翁。一战期间，他在比利时任救济委员会主席，巴黎和谈时任政府顾问，随后任美国粮食总署署长、商业部长，直至总统。胡佛的经历有点像今天的奥巴马，完全是靠个人奋斗，从底层一步步地走上总统的位子。正因如此，胡佛坚信奋斗之于个人的重要意义，每个人都应该为自己的命运负责，为自己的行为负责。而政府的作用就是要当好"裁判"，它既不支持穷人，也不支持富人，而是支持"正直的上进的人"。基于这样的理念，胡佛虽然也对经济危机采取了一些应对措施，但由于跨不出政府直接从事救急、直接对民生负责的一步，所以收效甚微。这样，带领美国走出经济危机的重任就落到了罗斯福的身上。

故 纸 眉 批

159

1933年，罗斯福"受命于危难之际"，当选为美国总统。就经济知识而言，罗斯福远不如胡佛，可是，出身名门的罗斯福天生具有一种举重若轻的自信，他爽朗的笑声和平易近人的风格又使他能将自信、乐观的精神传染给他人。因此，他的公关能力远非胡佛可比，更关键的是，他敢于突破成规，不受政治教条的束缚。他上任后的第一件事就是恢复美国人民对自己、对政府的信心，他在就职演说中称："我们唯一需要恐惧的就是恐惧本身。"

上任后，罗斯福总统先敦促国会通过了《紧急银行法》，决定对银行采取审查颁发许可证制度，先勒令银行关闭整顿，经检查合格后方允许重新开业，此法案实施后，金融秩序得到了恢复，人心也随之稳定了下来。随后，其他的各项新政一个接一个地出台。有人做过统计，从1933年3月9日到6月16日这3个多月的时间里，罗斯福15次致信美国国会，敦促通过了包括《紧急银行法》《经济法》《联邦救济法》《农业调整法》《紧急农场贷款法》《全国工业复兴法》等15个法案，对美国的经济进行全面调整。通过全面调整，美国经济走出了低谷。

针对罗斯福新政，经济学上的研究著作可谓汗牛充栋，不用我在此饶舌。我特别要提的是罗斯福新政在社会学和思想史上的重要启示。其一，在经济危机来临之际，各种社会矛盾也会随之加剧。此刻，拥有良好的公关能力就显得尤为重要。举个例子来说明这个问题。因受经济危机的影响，大批美国退伍老兵日子窘迫，他们于1932年春聚集华盛顿"上访"，要求"落实待遇"。面对这样的"群体性事件"，当时的总统胡佛慌了神，他下达命令，让军队驱逐老兵，结果造成了数人死亡的流血事件。如此对待对国家有功的退伍军人，胡佛政府大失人心。1934年，退伍老兵卷土重来，再次聚集华盛顿向罗斯福政府请愿。这次，罗斯福总统下令给他们送吃送喝，还派自己的夫人前去慰问，结果退伍军人大受感动，主动撤离。两相对比，愈发显出罗斯福超强的公关本领。

其二，罗斯福新政最重要的意义或许不在于它促使了美国经济的复苏，而在于它从思想上丰富了现代政府对人民的责任意识。在罗斯福新政之前，美国社会一直奉行放任自由主义。这样的社会崇尚个人奋斗和公平竞争，因而充满了活力。可是，自由竞争的马太效应必然会导致经济上的两极分化。贫富分化一旦超过某个临界点，整个社会的平衡和稳定就会被打破：财富过度集中，少数人的消费毕竟有限，大部分人购买力下降，不足以刺激经济。这时，经济运转就会失灵。而且，经济上的贫富分化还会导致社会心理失衡，不同阶层的人相互隔阂，底层人甚至还会产生"仇富"心理。从罗斯福新政开始，美国政府不但承担起了确保经济正常运转的责任，而且还要对人民的生活保障负责。罗斯福明确表示："政府应当使那些愿意工作的人有事可做，让人民免于挨饿，有房子住，生活过得还不错，有适当的教育水平，这些都是政府应该关心的事。"在新政期间，罗斯福政府成立了联邦紧急救济署，将各种救济款物迅速拨往各州。1934年，救济的形式又由单纯救济改为"以工代赈"，给失业者提供从事公共事业的机会，以维护失业者的自尊心和他们自力更生的精神。此外，罗斯福政府还通过启动各项基础设施建设提供了大量的就业机会。

可见，应对经济危机不能只采用"头疼医头，脚疼医脚"的被动对策，还必须实现政府职能的重大转变——政府要真正为人民负责，让人民拥有"免于匮乏的自由"（罗斯福语）。

　　在2009年的"两会"上，温家宝总理强调，越是困难的时候，越要坚持改革开放不动摇；越是困难的时候，越要关注民生，越要促进社会和谐稳定，坚持把保障和改善民生作为经济工作的出发点和落脚点。温总理的话让人心生"暖意"，也使我想起了当年罗斯福实施新政的思想理念。

折钵山上的星条旗

　　硫磺岛是太平洋上一座小岛，只有20多平方公里，在普通的世界地图上连它的名字都找不到。可是，围绕着这样一个小岛，美日两军却打了一场极为有名的战役——硫磺岛之战。

　　硫磺岛虽小，可是它的战略地位却非常重要。二战后期，它正处在日本东京与美军占领的塞班岛之间，距二地各约1200公里。美军占领塞班岛以后，一直以塞班岛为基地空袭东京。但因硫磺岛的报警作用，美军对东京的空袭一直效果不佳。驻硫磺岛的日军战斗机还不时升空拦截，冲散美国机群。为总攻日本，美军决定攻占硫磺岛。

　　1945年2月19日，美军对硫磺岛发起了登陆战，经过4天激战，美军于2月23日攻上硫磺岛的折钵山，六名海军战士将一面美国的星条旗插在山上。这一幕恰好被美国的随军记者乔·罗森塔尔赶上，他按下摄像机快门，定格了这一珍贵的历史瞬间。照片发回美国后，折钵山上的星条旗成了胜利的象征，极大地鼓舞了美军的士气，这张照片也由此成了经典。

折钵山上的星条旗确实意味着美军成功地登陆了硫磺岛，但是，美军要想彻底赢得硫磺岛战役的胜利，还要继续浴血奋战。

对于硫磺岛重要的战略位置，日军也有充分的认识。早在1944年6月，日本军方便调栗林忠道中将出任守岛总指挥，并迅速向硫磺岛增兵——由原来的1500人猛增至战前的2.3万人。栗林忠道抵达硫磺岛之后，精心策划，建筑了非常完备的防御工事。

美军进攻硫磺岛的地面部队是第5两栖军，下辖3个海军陆战师，由霍兰•史密斯中将指挥；此外还有登陆编队和支援编队，凯利•特纳中将指挥，总兵力有10多万人。地面部队之外，还有第58特混编队负责海空掩护。要知道，美国的海军陆战队不仅接受过系统的登陆战训练，而且战斗力之强大、战斗作风之强悍、战斗意志之顽强在美军中是首屈一指的。同时，美军在武器装备、海陆空配合上也占有优势。而且，此役的总指挥是美国赫赫有名的海军上将斯普鲁恩斯，其余的指挥官特纳、米切尔、史密斯等也都是骁勇善战的名将。以这样的精兵强将攻打一个弹丸之地的小岛，美军初步估计只需5天的时间即可拿下硫磺岛。

可是，等战役打响之后才发现，情况完全不是料想的那样。日军在栗林忠道的组织下，顽强坚守，致使美军每前进一步都要付出惨重的代价。美军原计划5天拿下的硫磺岛战役，结果整整打了36天。日军的栗林忠道将军因其出色的指挥赢得了美军的尊重。美军试图劝降栗林忠道，结果遭到拒绝。战至最后，栗林忠道切腹自杀。在硫磺岛战役中，日军被击毙20703人，仅有不到3000人生还；美军阵亡6812人，伤19920人，同样伤亡惨重。可以说，日军在硫磺岛上的表现可圈可点，虽败犹荣。据说，正是硫磺岛战役促使美国的杜鲁门总统日后下令对日本使用原子弹。因为他认识到：攻打日本太平洋上的一个小岛就要付出如此惨重的代价，若登陆日本本土，美军势必还要付出更加惨重的代价。

折钵山上的星条旗是在美军登陆后的第4天插上的。美联社战地记者乔•罗森塔尔拍摄的照片显示，当时是六位战士合力插上了这面美国国旗。可在随后的战斗中，这六位战士中的三位也阵亡了。硫磺岛战役之惨烈，由此可见一斑。

硫磺岛战役给我最深的启示是：折钵山上的星条旗是美军胜利的象征，但是，象征并不等于大功告成。从星条旗插上折钵山到硫磺岛战役的最终结束，美军又浴血奋战了30多天。现实生活中，很多事情也是象征性的，比如婚礼，比如学位。婚礼是爱情的象征，这一点毫无疑义，但是爱情的象征并不等于爱情本身。拥有奢华婚礼的人未必拥有美满的爱情，婚礼之后，两位新人要想获得实实在在的爱情，还要付出许许多多的努力；学位是学识的象征，但是它也仅仅是象征而已，一个人要想获得学术界和社会的真正认可，光有了学位（包括学士、硕士学位乃至博士学位）是不够的，他还必须付出更多的辛劳和智慧。

顺便说一句，60多年过去了，美国人对硫磺岛战役仍然念念不忘，克林特•伊斯特伍德先后拍摄了《父辈们的旗帜》和《硫磺岛来信》两部电影来纪念这段历史。只不过，前者是以美军战士为主人公，后者则是以栗林忠道为主人公。一个硫磺岛战役，让昔日的英雄和昔日的敌人在银幕上都得到了足够的尊重。

第三辑：评说历史名人之得失

李斯的仓鼠之悲

李斯的人生观是通过观察"厕鼠"和"仓鼠"的不同待遇而确立起来的。

日后成为大秦帝国丞相的李斯最初是楚国上蔡人，他出生于平民之家，年轻时，曾在郡里当小吏，掌管文书。可是，就在当这个微不足道的小官的过程中，李斯观察到了一个现象：同为老鼠，待遇却大大不同。厕所中的老鼠又脏又臭，每天吃脏东西，见到有人或狗走来时，就受到惊吓。再看粮仓中的老鼠，日子就过得舒服多了，它们吃的是囤积的粮食，住在大屋子里，不怕风雨，也不用担心人或狗的惊扰，所以长得又肥又大。李斯由老鼠及人，慨叹道："人之贤与不肖譬如鼠矣，在所自处耳！"意思是说，一个人有出息没出息，过得好还是不好，就如同老鼠一样，是由自己所处的环境决定的。这个理论深刻地影响了李斯后来的人生选择。

李斯当然不甘心做"厕鼠"，于是他先跟荀卿学帝王之术，学成之后感到"楚王不足事，而六国皆弱"，就到了秦国。他先做吕不韦的门客，后来为秦王嬴政所赏识，为秦王成就统一六国的霸业出谋划策。在这个过程中，李斯既表现出了他过人的政治才华，也显露出了他嫉贤妒能、为了目的不择手段的卑劣品质。这一点突出地表现在李斯陷害韩非一事上。李斯和韩非都是荀卿的学生，李斯自认为不如韩非。韩非是战国时期法家思想的代表人物，他是韩国的公子，多次上谏韩王，但不被韩王所用。韩非的著作《孤愤》《五蠹》等传到秦国，秦王嬴政读后很欣赏，说："嗟乎，寡人得见此人与之游，死不恨矣。"李斯告诉秦王，这些文章是韩非写的。后来秦国攻打韩国，韩国派韩非出使秦国。秦王见到钦佩已久的韩非，心里很高兴。这个时候，李斯害怕韩非将来被秦王重用，影响了自己前途，就开始使坏。李斯先跟秦王说，韩非毕竟是韩国的公子，他最终肯定是要为韩国效力而不会为秦国所有的。这个人才既然不能为大王所用，您再把他放回韩国，就等于是自留后患，还不如杀了他。秦王一听也有道理，就把韩非给抓了起来。接着，李斯又派人给韩非送去了毒药，逼其自杀了。为了怕同学超过自己，就使出如此狠毒的手段，李斯为人之卑鄙由此可见一斑。

秦王嬴政统一了六国后，任命李斯为丞相。至此，李斯彻底完成了从"厕鼠"到"仓鼠"的蜕变。李斯以法家思想治理国家，他坚决主张实行中央集权的郡县制，同时建议拆除郡县城墙，销毁民间的兵器，以加强对人民的统治；还建议焚烧民间收藏的《诗》《书》、百家语，禁止私学，以加强专制主义中央集权的统治。他的这些建议都被秦始皇采纳了。一时之间，李斯达到了他的权力巅峰。

这个时候，他的几个儿子全部娶了秦朝的公主，几个女儿也都嫁给了秦国的公子。他的长子李由还做了三川郡守——一个很大的地方官。一次，李由请假回咸阳，李斯在家中请客，为长子接风。这个时候，"百官长皆前为寿"，满朝的高官都来敬酒祝贺，巴结李斯，李家门前的车马数以千计，热闹非凡。

面对这一番景象，李斯喟然而叹："嗟乎！吾闻之荀卿曰'物禁大盛'。夫斯乃上蔡布衣，闾巷之黔首，上不知其驽下，遂擢至此。当今人臣之位无居臣上者，可谓富贵极矣。物极则衰，吾未知所税驾也！"翻译成现代汉语就是："唉呀！我听荀卿说过'事情不要搞得过了头'的话。我李斯原本是上蔡的平民，街巷里的百姓，皇帝不了解我才能低下，才把我提拔到这么高的位子上。现如今做臣子的没有比我职位更高的了，我的富贵荣华已经到了极点。物极必反，我真不知道我的归宿在何方啊！"

在位极人臣、众宾喧哗之际发出这样的慨叹，虽然与欢乐的气氛不搭调，但它恰好暴露了李斯真实的内心世界。李斯毕竟是有思想有文化的高官，即便在位高权重之际，即便在拍马奉承之词不绝于耳的宴会上，他也对自己有着清醒的认识，知道自己有几斤几两——自己的出身并不高贵（平民出身），自己的志向也不远大（只是想做一只"仓鼠"而已），自己的人格也不高尚（善于钻营，在骨子里是个自私自利的人）。这样的一个人，生逢乱世，仅靠帝王之术，居然于阴差阳错之间爬到丞相的位子上，荣华富贵享受到了极点。这样的福分是我李斯能承担得起的吗？荣华富贵享尽之后，将来的日子恐怕会不妙吧！

李斯的担心一点都不多余。

李斯是靠着秦始皇的赏识和提拔当上丞相的，他人生的下坡路也是从秦始皇"驾崩"开始的。秦始皇死后，李斯与赵高合谋，伪造遗诏，迫令秦始皇的长子扶苏自杀，立胡亥为秦皇帝，是为秦二世。赵高和李斯密谋政变的地点在沙丘，所以此事被称为沙丘政变。沙丘政变之初，李斯是不同意赵高的做法的。但赵高跟他说，如果不发动政变，那么扶苏当上皇帝后肯定任用蒙恬为丞相，那时还有你李斯什么事呀，你还不得退休回家。李斯也承认，自己在能力、功劳、谋略、美誉度、扶苏的信任程度等五个方面都不如蒙恬。为了保住丞相的官位，李斯最终和赵高一起发动了沙丘政变。

将胡亥立为皇帝之后，赵高得以把持秦朝大权。为了控制权力，赵高开始了残酷的政治清洗，他杀扶苏、杀蒙恬蒙毅兄弟、杀老臣、杀秦诸公子、诸公主。在整个过程中，李斯始终都是赵高的应声虫。为了保住自己的官位，李斯把原则、正义、良知等统统都放弃了，即便如此，他最后还是被赵高忌恨，陷害下狱，以谋反治罪，"腰斩咸阳市"，"夷三族"。在押赴刑场的路上，他对儿子说："吾欲与若复牵黄犬，俱出上蔡东门逐狡兔，岂可得乎！"

以发誓要做"仓鼠"开始，以"腰斩咸阳市"、身首异处而告终，李斯传奇的一生着实令人唏嘘不已。就才能而言，李斯绝非庸人可比。他还擅长书法，主持整理出了小篆字体。此外，文章也写得很好，《谏逐客书》一文便是他的代表作。李斯的可悲之处在于，他用一种极端自私的实用的人生观来指导自己的行动，不择手段地追求权势。为了扫除可能的竞争对手，他就害死了自己的老同学韩非；为迎合秦始皇，他就建议"焚书"；为保住丞相的官位，他就参与沙丘政变，陷害忠良。他的理想就是做一只"仓鼠"，这个理想本身就不高尚，可就为了这个并不高尚的理想，李斯便把道德、良知、正义等人生最珍贵的品格全抛弃了。这是他人生中最大的悲剧，也是他给后人留下的最深刻的教训。

亦盗亦侠话郭解

在中国历史上，如果造反干得极专业，就会当上皇帝，比如刘邦和朱元璋；如果拍马屁这事干得极专业，就会成为御用文人，比如司马相如；如果"愤青"干得极专业，就会成为一代文豪，比如阮籍和嵇康；即便是"不作为"到了一定的份上，那也会成为一代隐士，比如陶渊明。同样的道理，如果地痞无赖做到了极致，那也会成为大侠，青史留名。郭解就是由盗而侠的一个人。

郭解，字翁伯，河内轵（今河南济源）人，他的父亲也是一个侠客，在汉文帝时代被官府诛杀。郭解长得短小精悍，貌不惊人，但年轻时就心狠手辣，打架斗殴，恣意杀人，同时还干一些铸私钱、挖古墓等违法乱纪的勾当，是个标准的地痞流氓。侥幸的是，他干了这么多坏事却都逃脱了官府的制裁。

成年之后，郭解开始"转型"，他"折节为俭，以德报怨，厚施而薄望"，为人讲义气，救人之命却不矜其功。由此，他在江湖上声名鹊起，越来越多的"小弟"拜到他的门下。

郭解有一个外甥，在与人喝酒时，强行灌酒，被对方一怒之下杀死。郭解的姐姐把儿子的尸体陈于街头，说："我有郭解这样的弟弟，儿子居然被人杀害！"意在借此刺激郭解去复仇。郭解马上派人去寻找凶手。凶手知道这事躲不过去，就主动回来"投案自首"，将实情告诉了郭解。郭解听后就把这个人给放了，说："你没什么错，是我外甥不对。"这个事情在江湖上传开之后，"黑道"上的人都夸奖郭解讲义气，投靠他的人就更多了。

郭解有一次出门，有一个人"箕坐倨视之"——姿势和眼神都很不友好地看着他。郭解的"小弟"们很生气，想杀了这个人给"大哥"出气。可是郭解却说："我在家乡都得不到尊重，这是我的修行还不够呀，那个人又有什么罪过呢？"暗地里，他还替这个人跟尉史求情，说："这个人我很看重，请您放过他每月一次的徭役。"尉史不想得罪郭解，就免除了箕坐者的徭役。好长时间没人来找服徭役，箕坐者感到很奇怪，一打听才知道是郭解暗中帮了他的忙，于是他到郭解面前"肉袒谢罪"，很有点廉颇向蔺相如谢罪的样子。

其实，这时的郭解已经不满足做一个打打杀杀的小流氓了，他开始用沽名钓誉的手段博取声望，"树立"自己的大侠形象。他知道，只要有了良好的江湖声望，就不愁没有亡命之徒来投靠自己。果然，数年之间，郭解就成了当地的"侠魁"——说好听点是侠客的首领，说不好听点就是黑社会的头子。

当然，郭解亦有比现在"黑老大"高明的地方。他在江湖上的名气越大，他做人却越来越谦卑。成名后的郭解有势力、有资本，可他出门不带仆从，见官也不乘车，以此来显示自己的"布衣本分"。此时，若有人与郭解结怨，甚至只是背后说他几句坏话，那么不待郭解开口，就有"小弟"出面处理。所以普通百姓见郭解来了就远远地躲开，唯恐得罪了他，"吃不了兜着走"。所以，司马迁称郭解是"阴贼著于心，卒发于睚眦如故"，也就是说，"侠"是他的伪装，而骨子里他还是个"盗"。

洛阳有两伙人结下了宿怨，当地有头脸的人物多次从中调解，可是不奏效，于是有人请郭解出面。郭解乃"夜见仇家"，当事人慑于郭解的声威，被迫接受了调停。郭解随后说："我听说洛阳有头脸的人物多次为你们调解都不奏效，现在你们听了我的话，买了我的面子，可这岂不是丢了洛阳诸公的面子？这样吧，等我走后，你们再接受一次他们的调停，然后化解。"郭解越是能照顾到方方面面的面子，他自己的面子也就越大，所以，各方豪强争相为郭解所用，亡命徒更以归附郭解为荣。

后来，汉武帝下令迁徙豪强大户于茂陵（今陕西兴平县东北），以便控制。按照当时划定的迁徙标准，郭解的家产还"不达标"，不在迁徙之列。可是以他在当地的实际势力，地方官又没有理由不把他迁走——不把他迁走，地方政府还没他有势力，这成何体统。郭解当然不愿意被迁走，他辗转托人，请大将军卫青为他说情，卫青说："郭解家贫，还不够迁徙的资格。"汉武帝回答说："郭解身为布衣，居然能搬动大将军来替他说话，可见其家不贫。"于是，郭解成了汉武帝"钦点"的迁徙之人。

迁徙的日子到了，郭解的众多党羽要为其送行。当地一个姓杨的官员依法办事，不准他们聚众送行。郭解的侄子竟然把这位官员的头给扭断了，杨的父亲也被人杀害，杨家上书告状，上书人又被杀。

事情这下子闹大了，汉武帝下令逮捕郭解。郭解得到消息，亡命太原。办案人到郭解的老家去调查，门客们均称誉郭解，只有一个儒生当场反驳说："郭解专以奸犯公法，何谓贤？"结果这个儒生很快被杀死，割掉了舌头。

郭解最后在太原抓获，经审讯，杨家的三条人命及儒生的被杀，都不是郭解干的——他连授意都没有。按照法律，郭解杀人的罪名不成立，而他以前犯的案子又都在朝廷大赦之前，他应该"无罪释放"。可是，御史大夫公孙弘说："郭解身为平民百姓，在江湖上任侠行权，以睚眦杀人。人虽然不是他亲自杀的，但他的罪行甚于亲自杀人，当属大逆不道。"汉武帝采纳了公孙弘的建议，引"大逆不道"的法令，处郭解以灭族之罪。

司马迁将郭解的事迹写在《史记·游侠列传》里，并称其"虽时当时之文罔，然其私义廉洁退让，有足称者，名不虚立，士不虚附"。意思是说，像郭解这样的游侠虽然与当时的法律多有抵触，但其私德还有值得称道的地方，他们的名气并不是白白得来的。这样的评价也算中肯。毕竟，"没有人能随随便便成功"，即便是由盗而侠，那也是要有点真本事的。

郭解最大的悲剧就在于他生错了时代，若在战国时代或者是秦朝末年，以他的本事很可能会成为一代枭雄。可是，他生在了汉武帝时代。统一的大汉王朝极力要做的一件事就是铲除各种异己力量，"侠以武犯禁"，当然亦在铲除之列。所以，只要郭解在江湖上坐大，成了朝廷的异己势力，那么他就难以避免被诛杀的命运，至于诛杀他的罪名是否真的成立，那反倒不是个大问题。对专制帝王而言，铲除异己从来就不要太多的理由——只要确定你是异己势力就够了。

唐太宗的晚年之困

唐太宗李世民是中国历史上少有的英明君主，可是，如此英明的君主，在晚年也不可避免地陷入了难解的政治困局之中。这个困局就是"接班人问题"。

在中国封建社会里，皇位的继承是采取嫡长子继承制的。李承乾是李世民的嫡长子，所以，他是当然的太子，在理论上是日后大唐的接班人。可是，随着儿子们慢慢长大，李世民的心态发生了变化。在几个儿子中，他更喜欢魏王李泰，原因是李泰爱好文学，更有治国之才，而太子李承乾则脾气暴躁。李世民对魏王李泰的偏爱使得魏王党形成，威胁到了李承乾的太子地位，于是，太子党和魏王党开始在贞观后期展开斗争。在错综复杂的政治斗争中，李世民的第五个儿子齐王李佑突然于贞观十七年谋反，这场叛乱很快就被平息了，可是在随后的审查中，竟然查出太子的谋反计划。自己的两个亲生儿子竟然谋反，这事对李世民的心理打击实在是太大了！最后，李世民处死了参与谋反的大臣，将太子李承乾贬为庶人。

太子李承乾被废，几乎所有的人都认为大唐的接班人应该是魏王李泰。如果真的这样，问题也还不算复杂。可惜，李泰的情感作秀太

"过"了。他为了让李世民早日立自己为太子，对老爸展开了情感攻势。一次，他扑到李世民的怀里，动情地说："老爸，如果你立我做太子，我当上皇帝后，就会把我唯一的儿子杀掉，以便日后将帝位传给我的弟弟李治。"李世民很感动，就把这话转述给了大臣，意在替李泰"拉票"。可是，大臣褚遂良看出了破绽，他指出，李泰的说法不符合常识，因为人伦之情从来就是父子亲过兄弟的。李泰之所以这样说，不过是为了骗取太子地位而已。等他当上皇帝之后，怎么可能为了弟弟杀死自己的儿子呢？同时他还提醒李世民，如果您非要立李泰为太子，请事先安排好晋王李治，否则，李治日后就会不安全。

一番话说到了李世民的痛处，这位英明的帝王流下了痛苦的眼泪。当年，自己的皇位就是靠杀兄弑弟夺来的，李世民实在不想让儿子们重演兄弟相残的悲剧。万般无奈之下，他于贞观十七年四月立晋王李治为太子。李治"仁厚"，日后当上皇帝也绝对不会杀害自己的兄弟，这一点李世民是确信的。可是，李世民对李治并不满意，原因是李治过于懦弱，缺乏治国之才。对接班人的不满意，加上此前两个儿子谋反所带来的毁灭性的心理打击，一代明君李世民倍感人生的悲凉与无奈。无限愁苦之中，他的理性也随之丧失。他想要长生，开始吃丹药。结果却适得其反，贞观二十三年，他因吃丹药而中毒身亡，年仅52岁。

作为一代帝王，李世民可以成功地治理国家，开创大唐盛世。可是作为父亲，他却无法从自己的几个儿子中选出满意的接班人。这不能不说是一个悲剧。这个悲剧不仅仅属于唐太宗李世民，它几乎是中国历史上所有政治强人的宿命。秦始皇、汉武帝、明太祖、康熙大帝……这些雄才大略的政治家在晚年的时候都被这个"接班人困局"

弄得心理憔悴。这其实是一个制度困局，只要封建专制制度存在，这个困局就无法破解。按照封建专制制度的理论要求，一代君主仅仅在"任期内"把国家治理好是不够的，他还必须选好接班人，以示对自己的身后事也有一个圆满的交代。这种要求实在太高了，一个人再厉害，也只能对生前之事负责，死后之事他如何负责得了？况且，统治者选接班人只能在他所熟悉的那个小圈子里选，一旦那个小圈子里的人让他失望，他便倍感悲凉。

那么，这种困局是不是真的就无法破解呢？当然不是。因为在民主政治中，接班人的困局压根就不存在。大家都知道美国前总统克林顿一度为他和莱温斯基的绯闻而焦头烂额，可我们从未听说过他为接班人问题而愁眉不展。因为在民主政体中，接班人问题完全是选民们的事，现任领导者无权考虑也不必考虑。这样，一个困惑了中国众多历史明君的难题就这样迎刃而解了。胡适先生曾经说过，民主是"一种幼稚的政治制度"，因为它吸收大众的集体智慧，并不依赖于个别天才人物；与之相比，"专制则是世界上最复杂的人类事务，因为它要一个人来统治国家，所以，这个人必须是稀世之才。"此言甚是。不过，我们还可补充一句：这个稀世之才还必须在晚年时再选出一个稀世之才来做接班人。这样的要求实在太苛刻了，苛刻到了一代明君（也是"稀世之才"）李世民都无法完成。由此亦可见专制制度是多么的违反常识，违反人性。

成为绝唱的魏徵

一

魏徵是河北巨鹿人，在隋朝末年纷繁的战乱中，他的前半生并不顺利。他先是跟随李密东征西讨，李密投降唐朝后，他也跟着投降大唐。当时，李密的旧部还在河南、河北等地，魏徵就主动要求去招抚这些人，可是，招抚了旧部之后，他们被窦建德的军队打败，被俘后的魏徵又投靠窦建德。后来，窦建德的军队在武牢关之战中被李世民击败，这时他才有机会逃回长安。回到长安后，他成了"太子李建成的人"，又卷入了皇室内部的争斗。他忠诚地站在太子李建成一边，建议先发制人，采取果断手段"解决"李世民。可惜，他的建议未被采纳。结果，李世民先发制人，发动了玄武门之变，一举"解决"了太子李建成和三弟李元吉。这之后，魏徵才以一个"战俘"的身份近距离地接触到了李世民。

据史书记载，玄武门之变后，李世民"召见"魏徵，责问道：你为什么离间我们的兄弟关系？

面对这句气势汹汹的逼问，别人都十分害怕——天子很生气，后果一定很严重！可是，身为战俘的魏徵却"举止自若"，他的回答是：如果前太子采纳了我魏徵的建议，就一定不会有今天的灾祸。

魏徵此言一出，李世民反而"改容礼之，引为詹事主簿"。

可以说，这对君臣的第一次过招就精彩纷呈。后人分析，魏徵的回答虽然看上去是答非所问，口气还"死硬"的，可是这里面暗藏了很多玄机，潜台词异常丰富：其一，我魏徵对这场宫廷斗争有着清醒的认识，如果李建成听我的，他就不会失败，这说明我是一个很好的谋臣。其二，我对你李世民很钦佩。我的正确建议没有被李建成采纳，却被你李世民采纳了，这说明我们两个是"英雄所见略同"。如果我是你李世民的手下，我也就不会怀才不遇了。

作为一代明君，李世民显然听懂了魏徵回话的丰富内容，所以"改容礼之"。这是两大高手之间的过招，两者并没有一招一式地真正对弈，他们仅仅凭着对上一局棋的复盘评点就知晓了各自的高超棋力，并且高度默契地认为对方正是自己所要寻找的人。你说这一幕精彩不精彩。

二

当然，魏徵更精彩的作为还在后面。李世民当上皇帝之后，首先面临的一个问题就是制定基本的执政方向。在这个问题上，相当多的大臣主张用法家"严刑峻法"的理念治理国家，但是，魏徵据理力争，坚持儒家"仁政"的治国理念，主张"轻徭薄赋"，"休养生息"。最后，李世民采纳了魏徵的主张。这便是"贞观定策"。制定正确的国策，是唐朝日后能开创贞观之治盛世局面的理论基础。而在这一点上，魏徵功不可没。后世的人们往往只谈魏徵如何敢于进谏，而很少提到他在贞观定策中所展现的高远的政策眼光和坚定的治国理念，这显然是不全面的。贞观定策之后，魏徵在唐朝政坛的作用愈加重要，他一次次地触犯龙颜，向李世民进谏，李世民也一次次地虚心纳谏，由此，二人演绎出了一段传诵千秋的佳话。

贞观十七年，魏徵去世，李世民失声痛哭，然后说出了那段名言："夫以铜为镜可以正衣冠；以古为镜可以知兴替；以人为镜可以明得失。朕常保此三镜，以防己过。今魏徵殂逝，吾亡一镜矣!"作为一位诤臣，能得到君王如此的嘉许，魏徵若地下有知，也该感到欣慰了。

就这样，魏徵被当做善于进谏的贤臣形象定格在历史画卷上。在后人看来，他是诤臣的典范，后世也确实有很多文臣学习魏徵。他们向自己的君王进谏，甚至不惜"死谏"，但是，他们中再也没有人能复制李世民与魏徵之间的那种君臣无猜、情感深厚、同心治国的历史佳话了。就个人而言，宋朝的寇准和明朝的海瑞都有酷似魏徵的一面：性格刚直，为官清廉，敢于犯颜进谏，可惜的是，他们的君王不是李世民，他们所生活的朝代也不是气度宏阔的唐朝。

魏徵由此成了绝唱。

三

我们很容易就能得出这样的结论：魏徵之所以成为魏徵，除他个人的原因之外，也与唐朝贞观时代那种特定的政治氛围及人文环境密不可分。

首先，魏徵遇到了一代明君李世民。李世民成为明君，属于典型的"逆取顺守"。在中国封建时代，皇位实行嫡长子继承制。按照这个制度，唐朝的第二任皇帝显然应该是太子李建成。可是，由于李世民战功太大，名声太响，政治势力也越来越大，对太子李建成构成了极大的威胁。兄弟之间的矛盾一天天地白热化，最后，李世民发动了玄武门之变。玄武门之变后，父亲李渊被迫让位给李世民。就这样，李世民背着杀兄逼父的道德压力登上了皇位。作为一个有良知的人，李世民深知皇位来之不易，感到自己必须把国家治理好才能实现救赎。更何况，父亲太上皇还在，如果不把国家治理好，如何能理直气壮地面对父亲呢？从这个意义上讲，玄武门之变在给了李世民皇位的同时也给了他一种巨大的心理压力。

显然，李世民把这种心理压力转化成了治国动力——他本人有着比其他君王更强烈的治理好天下的愿望。而要把天下治理好，就需要敞开胸怀，吸纳更多人的智慧，这些都促使李世民在内心深处认同臣子的真心进谏；而他自己则在行动上肯于纳谏，善于纳谏。这种明君气度无疑有助于诤臣的大批涌现，而魏徵当然是诤臣的典范。

其次，魏徵在贞观时代不是孤立的。魏徵刚直的品格、清廉的操守和敢于进谏的勇气在当时并不是"稀缺资源"。魏徵进谏有功，李世民给过他很多赏赐，可是，魏徵死的时候家无余财——他把所得的赏赐全用于赈济灾民了。中书令岑文本住的房子又小又湿，家里同样清贫。有人劝他经营一点产业，他却说，我没有什么功劳，仅仅因为能写文章就当了这么大的官，这已经很让我担心了，我哪里还有心思经营产业。尚书右仆射、历史上有名的帅哥温彦博同样不治自己的家产，他死的时候，家里连体面一点的吊丧场地都没有。李世民听到这种情况后感慨不已，下令为温彦博修建"正寝"，并拨给了一笔丧葬费。如此高官，死后却如此清贫，由此可见，贞观时期确实政治清明，很多大臣都有良好的道德操守。设想一下，如果魏徵生活在明代的嘉靖年间，他的处境会怎样？皇帝20多年不上朝——他的心思根本就不用在治理国家上。同时，官场黑暗，"清官"是绝对的少数，异类。在这种情况下，你的清廉和刚正与整个社会风气格格不入，你的政治理想如何实现。确实，你可以刚正，可以清廉，但是，你的建议没人采纳，你的才能不能充分施展，你能奈何？当然，你还可以做忠臣。不过，忠臣和良臣之间的差距那可就大了。对此，魏徵有着深刻的论述。他对李世民说："臣以身许国，直道而行，必不敢有所欺负。但愿陛下使臣为良臣，勿使臣为忠臣。"李世民问："忠良有异乎？"魏徵说："良臣使身获美名，君受显号。子孙传世，福禄无疆。忠臣身受诛夷，君陷大恶。国家并丧，独有其名。以此而言，相去远矣。"李世民说："君但莫违此言，我必不忘社稷之计。"这段君臣对话着实发人深省。

魏徵敢于向李世民进谏，其实别的官员也敢于这样做。比如当时有个叫张玄素的大臣就力劝李世民不要修建洛阳宫。贞观四年，李世民下令修建洛阳宫，理由是以后总会去洛阳办公。张玄素就劝阻说，现在还有很多更重要的事情要做，不应该花钱来修建洛阳宫。并举例说，隋炀帝就曾大兴土木，结果亡了国。李世民对此非常不高兴，就问张玄素，你说我不如隋炀帝，那比夏桀、商纣王如何呀？这明显就是发火了。可张玄素不怕，从容回答，如果非要大兴土木不可的话，那国家最后一定会与宫殿一起毁于战乱。最后，李世民承认自己考虑不周，停止修建洛阳宫。类似的事件如果放在明朝会有什么结果呢？要么没有大臣敢给皇帝提意见，要么提意见的大臣被皇帝"廷杖"乃至处死。权力高度集中的结果必然使皇帝变成真正的"孤家寡人"——大臣们已然与他离心离德了。

最后要说的是，在贞观时期，李世民也罢，魏徵也罢，其他的名臣也罢，大家的心里还是有政治原则的。魏徵是一个有着坚定政治信仰的人，他把百姓苍生的福祉看得很重很重。重到什么程度呢？我们可以看他与李世民的一段对话。魏徵前半生经历不顺，他多次"政治跳槽"，跟随李密，投降窦建德，之后又跟随太子李建成，最后才成了李世民的大臣。用"忠臣不事二主"的传统伦理来衡量，魏徵的个人气节并不值得嘉许。李世民也曾向魏徵提出过这个问题，暗含的意思是：你怎么对人不忠呢？魏徵对这个问题的回答非常精彩。他说，我确实跟随过李密、窦建德、李建成等很多人，但是，我的最终目标不是忠于某个人，我帮助他们是要通过他们拯救天下苍生。显然，在魏徵的心中，天下苍生的位置是重于具体的某一个政治强人的。一千多年以后，读到这段历史的时候，我怦然心动。魏徵的思想境界远远高于明清时代的迂腐文人。宋朝之后，被程朱理学毒害的文人越来越拘泥于所谓的"忠义"，"平日袖手谈心性，临危一死谢君王"成了很多末世文人的人生写照。他们只知道忠于某一个具体君王，岂不知在君王之外，还有着广大的百姓苍生！与这些人相比，我觉得魏徵身上洋溢着"为百姓请命"的可贵光辉，而这或许才是他敢于一次次犯颜进谏的思想底气之所在。而李世民信任魏徵，即表明他对儒家"民本"理念的真心认同。君臣的心中都装着百姓苍生，交流起来就没有心理障碍和思想隔阂，同时也避免了相互猜忌。否则，皇帝想的是如何大权独揽，大臣们想的是如何巴结奉承，那还怎么做到君臣团结，励精图治。

总之，在唐朝的贞观年间，封建社会的各种制度还没有僵化，皇

故纸眉批

181

权还没有高度集中，儒家"仁政""民本"的理念还在被真心地实践着，官场风气在整体上还没有被污染，正是在这一系列的大背景之下，又恰逢一代明主李世民当政，魏徵才能把自己的才能发挥到最大的程度。

一句话，李世民和魏徵之间和谐的君臣关系是一则历史特例。在漫长的封建时代，君臣之间的人际关系的主题是猜忌、利用、抱怨和互相伤害。有政治理想的朝臣遭遇了没有政治气度的君王，有操守的官员进入了一个没有是非只有恩怨的污浊官场，这才是历代清官们普遍面临的悲剧！

最后要说的是，要想最大限度地培养清官，恐怕就不能仅仅依赖于李世民与魏徵这样明君与诤臣的个案模式。

持久的现代民主制度才是正确的选择。

皇帝泡温泉的社会学意义

说起西安华清池，人们往往就会想到白居易《长恨歌》中的名句："春寒赐浴华清池，泉温水滑洗凝脂。"然后便会想到唐玄宗李隆基和杨贵妃之间缠绵悱恻的爱情悲剧。其实，唐人来华清池洗温泉的历史并非始于玄宗朝，而要上溯至唐太宗贞观年间。

贞观十八年(644年)，唐太宗李世民下令在骊山温泉营建汤泉宫（即后来的华清池），工程历时四年竣工。于是，李世民率文武百官临幸汤泉宫，在他专用的"星辰汤"里大洗温泉浴。洗浴之余，李世民还亲笔写下了一篇著名的文字——《温泉铭》。

对于《温泉铭》，后人多从书法的角度来探讨，认为从中可以看出李世民遒劲飘逸、奔放圆熟的书法风貌。不过，如果仔细看一看原文，我们就不难发现此文的社会学意义。对于自己到骊山来泡温泉的做法，李世民的内心深处是不安的，他自己觉得这事干得不怎么光明磊落，也怕别人说他在搞"腐败"，以权谋私，所以就在《温泉铭》中极力辩解："朕以忧劳积虑，风疾屡婴，每濯患于斯源，不移时而获损。"意思是说，我工作劳神费心，非常辛苦，又患风湿病多年，所以才用泡温泉的办法来治病（注意，是为了治病而不是为了享受），而且这个办法还真管用，我每次在这里洗浴，病情都会减轻。

李世民的这个心态是很有意思的。按说，一位帝王在风景秀丽的地方建个疗养院，时不时地来泡泡温泉，这事根本用不着"解释"——身为九五之尊的皇帝，想泡温泉就泡温泉呗，还需要理由吗？还需要"解释"吗？不必要嘛。

可是，李世民还是作出了"解释"，这说明了什么？说明李世民的内心深处还是有所敬畏的。他并不因为自己位高权重就为所欲为，也不敢过于放纵自己追求享乐的欲望。即便是在享受温泉浴的时候，他都有一种诚惶诚恐的感觉。

身为大唐帝国的最高领导，李世民还能心怀敬畏，这就不容易；更不容易的是，他还能就泡温泉这样一件小事作出"解释"。见微知著，我们由此可以看出，李世民是一位很自律的统治者。

表面上看，一位皇帝还要对自己泡温泉的行为作"解释"，显得很不够"派"，甚至还有点儿"窝囊"。可是我要说，正因为心怀敬畏、严于律己，李世民才能做到勤政爱民，在施政中贯彻"民本"思想，开创了中国历史上少有的盛世——贞观之治。

唐太宗李世民死后，他专用的泉池"星辰汤"废弃不用，池中的泉水被引到别处，供文武百官沐浴之用，以表达"皇恩浩荡，雨露均沾"之意。后来，唐玄宗李隆基又在华清池兴建了"莲花汤"和"海棠汤"两眼著名的泉池，前者为自己所用，后者则用来"赐浴"杨贵妃。不过，到了这个时候，唐玄宗和杨贵妃两人泡温泉已不是为了治病，而纯粹是为了享受。而且，这对老夫少妻的心中早已没了祖先泡温泉时那种诚惶诚恐的感觉。"云鬓花颜金步摇，芙蓉帐暖度春宵。春宵苦短日高起，从此君王不早朝。"他们沉浸在"迟来的爱"中，视所有的享乐为理所当然。岂不知，就在唐玄宗贪图享乐、不理朝政之时，强盛的大唐开始衰落。"渔阳鼙鼓动地来，惊破霓裳羽衣曲。九重城阙烟尘生，千乘万骑西南行。"安史之乱不仅打断了唐玄宗和杨贵妃在华清池的美好时光，而且使得整个大唐帝国由盛转衰。

同是大唐皇帝，同是在华清池泡温泉，可是彼此的境界却是判若霄壤。诚惶诚恐的唐太宗李世民开创了著名的贞观之治，而乐不思蜀的唐玄宗李隆基则在泡温泉之际引来了安史之乱。治乱之间，谁能说没有经验教训？

总结大唐皇帝泡温泉的这段历史，我们似可得出如下结论：统治者受约束的程度与普通百姓的"幸福指数"之间常常存在一种反比例关系。如果统治者心怀敬畏，有所顾及，在享受"超标准待遇"时还有一种诚惶诚恐的感觉，那么老百姓的日子反倒会过得不错。相反，如果统治者根本不在乎所谓的"公共舆论"和"历史评价"，为所欲为，奢华无度却又认为理所当然，那么普通百姓就一定没有好日子过。这算不算也是历史辩证法之一种？

唐僧形象的启迪

在中国，一部古典小说《西游记》，让唐僧西天取经的故事妇孺皆知。可是，我们必须说，人们通过小说所了解的"唐僧"与历史上真实的玄奘大师实在是相去甚远了。

在小说《西游记》中，孙悟空、猪八戒、沙和尚三人护送师傅唐僧去"西天"取经，一路上"降妖除魔"。小说的主人公是孙悟空，唐僧虽然是三个徒弟的师傅，可是，在取经的路上，他除了念念紧箍咒，在"降妖除魔"方面几乎没有作任何贡献。到了周星驰的电影里，唐僧更是成了一个"唧唧歪歪、婆婆妈妈"的无趣人物。

历史上真实的玄奘大师可不是这个样子的。真实的玄奘是河南偃师人，俗姓陈。他幼年出家，潜心研究佛学，到了20多岁的时候就已经成了大唐最有名的高僧了。在研究佛学的过程中，他感到各派学说之间有大量矛盾之处，遂产生了去印度进一步"深造"的想法。贞观元年（627年）玄奘上表，请求西行，没有得到唐太宗的批准。

然而玄奘"求学"心切，乃"冒越宪章，私往天竺"。用现在的话说，就是他没有拿到出国护照就一个人踏上了通往印度的旅途。在西进的路上，他讲经诵法，不仅解决了盘缠，而且名气一天比一天大。在玄奘快走到边境的时候，朝廷拦阻他出境的命令也随之而来。可是，一名官员被玄奘的精神所感动，没有执行拦阻的命令（在唐朝，政令不畅有时都能成就历史佳话）。

在取经的生涯中，玄奘也没经历过什么"九九八十一难"。他经历过的生命危险只有一次。那是在穿越莫贺延碛戈壁的时候，玄奘迷了路。更糟的是，他失手打翻了水袋。好在他骑着一匹识途的老马，这匹老马驮着他走了五天四夜，来到了一眼泉水边，奄奄一息的玄奘由此得救！

穿越戈壁之后，玄奘到了高昌的伊吾城，也就是今天新疆的哈密。在这里，他得到了高昌国王曲文泰的帮助。曲文泰是玄奘忠实的"粉丝"，他十分推崇玄奘的佛学，一度想挽留玄奘作高昌的国师。这个要求当然遭到了玄奘的坚决拒绝——玄奘是为学术和信仰西行的，他求的是"佛法"，焉能贪恋高官厚禄。

挽留不成，曲文泰与玄奘结拜为兄弟，并给玄奘提供了极为丰富的物力、财力和人力准备："四沙弥以充给侍。制法服三十具。以西土多寒，又造棉衣、手衣、靴、韈等各数事。黄金一百两，银钱三万，绫及绢等五百匹，充法师往返二十年所用之资。给马三十匹，手力二十五人。"这是一笔丰厚的"游学资助"。同时，曲文泰还给沿途24国的国王都写了国书，请他们沿途"接待"玄奘。

有了曲文泰的帮助之后，玄奘的西行异常顺利，他到了哪里都会受到热情的接待。到达印度后，玄奘潜心研究佛学，终于在曲女城的佛学辩论大会上大放异彩，被尊为"大乘天"。这之后，他于贞观十九年（645年）以"国际著名佛学大师"的身份回国，成为唐朝最为耀眼的"海归"。史载，唐太宗李世民不仅接见了玄奘，还多次劝其到朝廷担任要职。大唐皇帝的这一建议同样被玄奘谢绝。这之后，玄奘一直在长安的弘福寺翻译他从印度带回来的佛经。

由此可见，真实的玄奘去印度"取经"的故事远没有《西游记》描写得那么传奇，玄奘本人也没有后人演义得那样无能无趣。

真实的玄奘本是一位令人崇敬的高僧，为何在《西游记》里竟然变成了胆怯懦弱、人妖不分的糊涂和尚？这其中是有着一个漫长的演变过程的。玄奘死后，他的门徒慧立、彦琮撰写了《大唐大慈恩寺三藏法师传》，在这部人物传记中，门徒为了突出玄奘一心向佛的"高大形象"，有意穿插了一些神话传说（如狮子王劫女产子等）。到了宋朝，人们开始把更多的神话编进玄奘取经的故事中。不断加入的神话，使得玄奘由一具血肉之躯变成了一尊神像——他从一位优秀的佛学大师变成了一位供人膜拜的牌位。可以说，是中国人惯有的"造神"情结把玄奘大师推上了虚幻的神坛。

虚幻的东西必然要破灭，恰如暴涨的股市要大跌一样。到了明朝作家吴承恩的手里，玄奘这支一路暴涨的股票骤然下跌。在《西游记》中，他让原本备受颂扬的玄奘退居为次要角色，而让虚构的富有反抗精神的孙悟空成为主角。这样的艺术处理固然与历史事实不吻合，但是却契合了人们的审美心理——"玄奘法师"被膜拜得实在是太久了，吴承恩将其"恶搞"一下很得人心。于是，玄奘又从神变成了人。可惜，这次他又被描写成了一个糊涂和尚。

此前，佛教门徒神化玄奘，现在，世俗作家丑化玄奘，二者都与历史上真实的玄奘相去甚远。神化是对真实的背叛，丑化是对神化的反拨。一个历史人物，只要他经历过被神化的过程，那么他就必然要接受被丑化的那一天。这也算是历史发展的一个规律吧。

唐德宗的罪己诏

罪己诏是古代帝王用来"自我批评"的文书,其起源甚早,有名的说法就是:"禹汤罪己,其兴也勃焉;桀纣罪人,其亡也忽焉。"禹汤之后,周成王、秦穆公、汉武帝、唐德宗、宋徽宗、清世祖等人也曾颁发过罪己诏。在中国历史上,昏君无数,可是能够颁发罪己诏,进行"自我批评"的皇帝却屈指可数。正因如此,研究皇帝颁布罪己诏的相关背景及随后所取得的效果就很有必要——从积极方面讲,它让人们明白,即使贵为天子,也不可为所欲为,在危难之际也得发布罪己诏,以笼络人心;从消极方面讲,它也可为今天的领导干部作"自我批评"提供借鉴。全面地梳理、分析罪己诏是一个工程浩大的课题,非笔者短时间所能做到,我在这里只谈一谈唐德宗的罪己诏。

安史之乱后,唐朝的中央政府已经失去了权威,藩镇割据的局面形成了。各地节度使纷纷拥兵自重,不把中央放在眼里。很多节度使的子弟在父亲或兄长死后,就发动手下的将领拥戴自己继承节度使的职位,这等于剥夺了中央政府的人事任免权。唐朝的中央政府当然厌恶这种局面,可是由于没有足够的实力,所以不得不姑息迁就。唐德宗李适即位后决心改变这种局面,重建中央权威。公元781年,恒州节度使李宝臣和青州节度使李正己去世,李适拒绝他们的儿子继承节度使的职位,结果导致了河朔四镇(指幽州、恒州、魏州、青州四个藩镇)联合起兵,宣布脱离中央。接着，汝南节度使李希烈也趁机宣布独立，甚至索性称帝。唐德宗李适动员全国兵力，先行讨伐李希烈。

从理论上讲，李适的做法无可厚非，先逼藩镇造反，然后再以平叛之名将其一一剿灭，这样既可除去心头之患，又可重建中央权威，何乐而不为。奈何李适本人有雄心而无大略，他驱使军队为其打仗，却不肯出钱犒劳士兵，结果引发了"泾师之变"——从泾原地区调集的平叛部队途经长安，官兵们本来希望得到赏赐，可李适就是不肯出钱，士兵们因"待遇问题"得不到"落实"而绝望，由绝望而愤怒，遂发生了兵变。兵变发生后，李适才下令急运20车金银财宝犒劳军队，可惜，"恩典"来得太迟了。泾原之师占领了长安，德宗李适只得仓皇出逃，国家再次陷入了内乱之中。本想打击藩镇势力以重建中央权威，结果却是"求荣取辱"，给国家和人民带来了更大的灾难。

在沉痛的现实面前，李适接受了翰林学士陆贽的建议，颁布了《罪己大赦诏》。这篇由陆贽起草的罪己诏选在兴元元年正月初一发布，"赦书日行五百里，布告遐迩，咸使闻知。"诏书中历数了德宗自己的罪过，称："天谴于上而朕不悟，人怨于下而朕不知"，"上累于祖宗，下负于黎庶"。"自我批评"之外，诏书还赦免了不少叛乱将领，显示了天子的通情达理，因为国家陷入内乱的责任不在别人，"罪实在予"。这篇罪己诏情真词切，很有感召力，颁布之后，"人心大悦"，"士卒皆感泣"，一些叛乱军队归顺了朝廷。谁说文字没有力量？唐德宗的这篇罪己诏不就起到了拯救危局的作用嘛！

问题是，不到万不得已之际，皇帝哪里肯"罪己"，想让听惯了阿谀奉承的人低头认错，实在太难了。平时颐指气使掌握别人命运的人，

故纸眉批

不到了自己也面临着万分悲惨的命运时，他们是不会诚心诚意地作"自我批评"的。现在，我们在媒体上也能读到贪官们的一些反思和忏悔，可是，我们一定要问一问：如果不是丑行败露，如果不是身陷囹圄，他们会忏悔吗？他们言辞恳切的反思和忏悔有没有笼络人心以自救的成分？当然，能反思、能忏悔毕竟比死不悔改要好得多，但是，我们也不得不说，迟到的反思、迟到的忏悔是要打折扣的，恰如法律上所说"迟到的正义是非正义"一样。

唐德宗的罪己诏虽然暂时起到了稳定局面的作用，但"罪己"之后的唐德宗依然猜忌刻薄，重用奸佞。在他的领导下，衰败的唐朝不但没能实现"中兴"，而且更加衰败了。一篇真挚的罪己诏根本不足以挽救一个昏君，恰如感人的狱中忏悔不足以挽救贪官的命运。

装傻皇帝唐宣宗

唐宣宗原名李怡，后更名李忱，是唐宪宗的第十三个儿子，穆宗的弟弟，敬宗、文宗、武宗的叔叔。唐宪宗晚年重用宦官，终为宦官所杀。失去了父皇的李怡面临着极为凶险的政局，为了避免迫害，他选择了装傻，而且一装就装了近20年！

在穆宗、敬宗、文宗、武宗四朝，李怡以光王的身份住在唐代亲王聚居的"十六宅"中，他的出名就是因为他傻：他沉默寡言，就是发生了天大的事，他也面无表情；在亲王聚会宴饮的时候，他还常常受到捉弄。当然，他对这些全不在意——傻子嘛，哪里有能力在意。

武宗一直也没有立太子，所以在他病危的时候，让谁继承皇位就成了宦官们思考的问题。在晚唐，宦官对朝政的控制能力极强，很多皇帝来不及处理的事宦官都可以代劳。如今，武宗撒手人寰了，选接班人的重任再次落到了宦官们的手上。宦官们非常明白，新天子最好是一个平庸之辈，这样便于控制；如果是个有头脑、肯作为的帝王，他有自己的主见，那他是不大会重用宦官的。在这样的情况下，他们一致看好光王李怡——他是个傻子，岂不更好控制？于是，光王登基，更名李忱，是为唐宣宗。

可是这一次，宦官们错了！

原来，这个唐宣宗不但不傻，而且还聪明透顶。他记忆力惊人，从朝廷大臣到宫廷仆役，他见过一面就能记住名字。以后再吩咐什么事，就说：叫某某来！——直接责任到人；而且他还勤于政事，整顿吏治，孜孜以求，除了上朝就是读书，召见大臣，分明就是励精图治的明君，宦官们哪里还能控制得了？他刚登上皇位，就把武宗朝的宰相、晚唐重臣李德裕贬出朝廷，延续几十年的牛李党争宣告结束。同时他平反了前朝的"冤假错案"，限制皇亲和宦官的权力，在一定程度上改变了晚唐宦官擅权的局面。后人对唐宣宗的评价是："明察沉断，用法无私，从谏如流，重惜官赏，恭谨节俭，惠爱民物。故大中（唐宣宗的年号）之政，讫于唐亡，人思咏之，谓之小太宗。"历史上也将唐宣宗统治的时期称为"宣宗之治"。

通过装傻当上了皇帝，这已然是一个传奇；一个"傻子"在当上皇帝后突然变成了励精图治的明君，这又是一传奇。无论是苦心孤诣的装傻，还是装傻成功后的作为，唐宣宗在历史上都是可圈可点的。单从"装"功讲，一个亲王能装"傻"近20年，这样的"装"功也近乎极致了。

但是，"装"到这个分儿上又能怎么样呢，以近20年的装傻换得了13年的帝王生涯，得失之间应该如何衡量？我觉得，从个人的层面讲，当年光王装傻是被逼无奈之举，情有可原；但从帝国体制来讲，这样的选拔机制实在有问题。毕竟，傻子变成明君的概率是非常小的。再者，一个人能装傻近20年还没有真成为傻子，这也算是奇迹。现实生活中，弄假成真的事实在太多了。许多人最初的"装"可能还只是手段，可是装来装去，"装"成了习惯，"装"成了常态，"装"成了这些人真实的生存状态和他们生活的终极目的。装正经让很多人变成了伪君子、假正经，装傻让很多人变成了笨蛋、傻瓜，装孙子让很多人变成了干孙子、真奴才。这样的"装"功，我们还能提倡吗？可以肯定，当今社会练"装"功的人不计其数，可是他们中能有几人不弄假成真，又有几人有人家唐宣宗的本事——"出淤泥而不染"，装傻而不真傻？

"唯大英雄能本色，是真名士自风流。"如今，是该呼唤大英雄、真名士的时候了。大英雄、真名士绝不是装出来的。

在当今时代，在现实中国，我们应该这样呐喊：别装了，有本事，你就做大英雄、真名士；没本事，你就做凡夫俗子，这也没什么可耻的。真性情就是你人生中最值得骄傲的财富；最可耻的就是装正经、装孙子、装傻——装到极致亦枉然。

李白的成名之路

想出名是一件很难的事，即便你是才华盖世的李白。

李白于公元701年出生在巴尔克什湖以西的碎叶，5岁的时候随父迁居四川彰明县的青莲乡。李白的父亲李客是一个有文化的富商，他在李白还很小的时候就教李白读司马相如的《子虚赋》，对李白进行文学启蒙教育。

李白当然很聪明，但他刚开始读书的时候并不太用功——可能像很多孩子一样，比较贪玩吧。据说，有一天他遇见了一个老婆婆，这个老婆婆拿着一根铁棒在河边的石头上磨。李白问老婆婆在干什么，老婆婆告诉他要把这根铁棒磨成针。李白觉得铁棒这么粗，要磨成针是不可能的，就劝老婆婆不要费劲儿了。可老婆婆告诉他，只要肯下工夫，坚持下去，铁棒是可以磨成针的。李白听后很有感触，从此开始用功读书。

18岁的时候，李白已经很有学问了。读书治学期间，他还顺便练习了剑术，因为他除了想做管仲一样的贤相外，还对荆轲、聂政一类的侠客很神往，希望自己有一天也能行侠仗义。

有了学问和志向之后，青年人便不甘心窝在偏僻的家乡，李白也是如此，他渴望到更广阔的天地去施展拳脚，建功立业。于是，为了寻找发展机会，他踏上了漫长的外出游历的道路。他首先来到了梓州。

梓州最吸引李白的不是风光，而是一个叫赵蕤的纵横家。赵蕤年轻时已有经国济世之志，可惜他多次去朝廷应试都不中，便隐居山中，写作了一部凝聚自己毕生才学的著作《长短经》。拜见赵蕤之后，李白对这位传奇老人十分钦佩。赵蕤对李白也十分赏识，就悉心传授李白以

故纸眉批

193

"治平之道，立身之学"。纵论古今之余，两个人还在林中击剑为戏，纵酒高歌，好不快活！

赵蕤告诉李白，要想真正建功立业，就要吸取我赵蕤的教训，不要对科举抱有幻想，为科举误了学问和人生，而要走科举之外的道路。科举之外的道路便是读万卷书，行万里路，靠真才实学赢得民间声望，等声名显赫、闻达京城的时候，皇帝自会下诏求贤。这时你就可以平步青云，大展宏图了。

李白在梓州赵蕤那里呆了两年多，这段时间对李白至关重要。可以说，赵蕤给李白所进行的成才设计深深地影响了李白日后的人生轨迹和思想选择。终其一生，李白对人生都抱有一种"不飞则已，一飞冲天"的浪漫设想。这种气质反映到文学创作中，便形成了李白豪放不羁、傲岸奔放的诗风。

20岁的时候，李白告别赵蕤，离开梓州到了成都。在去成都的路上，李白听说当时著名的作家苏廷页（廷加页）出任益州大都督府长史，到成都上任。李白赶紧带上自己的文章去求见苏廷页，希望能得到苏廷的指点和褒扬。苏廷页接见了李白，读了李白的文章后，他对李白说，你的文采很好，只是风骨尚未形成，只要用功努力，用不了多久，就可以与你的老乡司马相如相提并论了。苏廷页对李白文学才华的肯定并不是廉价的敷衍，他后来在写给朝廷的《荐西蜀人才疏》中还特意提到李白，称其"颇有文采"。可见李白在20岁左右就已经把诗文写得很好了。这是他日后成名的一个最重要的基础。

李白在蜀中游历了四五年的时间，他一边游历一边寻找发展机会。在游历的过程中，他写下了很多诗，但是他并没有找到满意的发展机会。于是，他乘船东下，到了湖北的安陆。在安陆，他娶了第一位夫人许氏，许氏出身豪门，其爷爷是前宰相许圉师。在安陆，李白过了10年逍遥的日子。修道炼丹、旅游写诗成了他这段时期生活的主要内容。李白虽然很想迅速成名，以便实现建功立业的理想，但他坚决不走科举的道路。他认为，通过积累民间声望也可引起朝廷的注意。可是，经过10年的经验，李白的名气依然不大，而这时他已经快40岁了。无奈之下，他只得来到大唐的国都长安。

在唐朝，文人要想成名大都要投靠权贵，通过权贵的引荐才可脱颖而出。可是，身为"外省人"，想结识权贵并不容易——哪怕你有点才华。李白七转八拐，终于结识了大唐王朝的一位驸马，可是，这位驸马只把李白安排在玉真公主终南山的别墅里暂住，并不向唐玄宗推荐。不管怎么说，这时的李白是可以陪着玉真公主谈玄说道，吟诗作赋了。玉真公主是唐玄宗的妹妹，很早就出家修道了。所以，玉真公主并不能很快就把李白引荐给唐玄宗。李白感到失望，过了一段时间就离开了终南山，返回了湖北安陆。

回到安陆之后，他继续干谒权贵，广交文人名士，旅游写诗。这期间，李白多次向权贵自荐，多次受挫。他也一度意志消沉。意志消沉的时候他就跟道士炼丹，跟隐士喝酒作诗，跟文人相互唱和。这样过了五六年之后，李白的诗名终于被朝廷认可了。公元742年，唐玄宗下诏征李白入京。

这时，李白已经年过不惑了。

到长安后，李白见到了文坛老前辈贺知章。贺知章当时80多岁，早已功成名就了，他是太子的门客，诗写得好，也擅长书法，所以，政坛、文坛的人都买"贺老"的账儿。贺知章以前就读过李白写的诗，这次见到了李白本人，立即便喜欢上了这位气度非凡的诗人，惊叹为"谪仙人"。经过皇帝的征召，再加上贺知章的揄扬，李白遂名满天下。

成名之后的李白在政治上并没有做出大事。他的职务是翰林学士，也就是皇帝的文学顾问，主要的工作就是陪唐玄宗饮酒赋诗。唐玄宗对李白的诗歌才华非常欣赏，李白也着实过了一段春风得意的生活。可是，李白终究是诗人，他不拘小节、恃才放旷的性格十分容易得罪权贵，最后遭受排挤，被皇帝"赐金放还"了——多给你一点钱，这份工作你就别干了。

被皇帝辞退之时，李白的名气已经很大了，他无事可做，只得继续旅游、写诗。安史之乱爆发后，他在政治上"站错了队"，当了永王李璘的幕僚。李璘兵败被杀后，李白也受到了政治清算，被流放夜郎（今贵州桐梓一带）。后来遇上朝廷大赦，李白在返程的途中病逝于安徽当涂。

李白是历史上一流的诗人。可是他生前的成名之路充满了艰辛，成名之后也并没有真正实现自己的人生抱负。当然，这与当时的社会有很大的关系。不过，我们也必须说，李白的成名经历对今人亦不乏教育意义。当大家都说"出名趁早"，都火急火燎地想成名的时候，有定力的年轻人是不是可以用李白的例子来自勉呢？才华盖世的李白都那么晚才出名，我们还有什么可着急的呢。

苏轼治水的借鉴意义

历史上有一些光芒万丈的人物，他们"出乎其类，拔乎其萃"，拥有多方面的才华，取得了诸多成就，属于"通才"。可是死后，人们往往只强调他们的一项或几项最主要的成就，有意无意地忽略其他方面的才能。比如苏轼，现在的人都知道他是大名鼎鼎的文学家，在诗、词、散文、书法、绘画等艺术领域均取得了杰出的成就，这已经够"通才"了，可是还不够。在艺术领域之外，作为官员的苏轼还善于兴修水利，造福百姓。

最能反映苏轼水利成就的就是他治理西湖一事了。苏轼一生两次在杭州做官，第一次是在1071年，他深深地被杭州的迷人风光所吸引，写下了很多吟咏之作，其中最有名的便是《饮湖上初晴后雨》："水光潋滟晴方好，山色空蒙雨亦奇。欲把西湖比西子，淡妆浓抹总相宜。"可是，等1089年他第二次到杭州的时候，原来风景如画的西湖已经出现大面积淤塞。由于人们围湖种田的现象日益严重，西湖的"生态环境"已然恶化，春则大雨成灾，夏则大旱成患，水旱灾害又引起疫病流行。苏轼见状，十分痛心。作为杭州太守，他在全力对付饥荒和疾疫两大灾害的同时，遂把疏浚西湖作为任内的首要任务。经过调查踏勘，苏轼决定用"以工代赈"的方式开掘葑滩，疏浚湖底。他连上几道奏章，申述民意，争取经费。朝廷终于重视且同意治湖了，但所拨款项极少，只给了100道僧人的"度牒"。苏轼没有灰心，他用这些度牒换了17000贯钱，又自己写字作画去义卖筹款，最后终于开工。他组织了20万民工，挖掘淤泥，终于疏浚了西湖。可是，这么多的淤泥又该放在何处呢？苏轼展示自己才华的机会来了。他废物利用，在西湖上筑起了一道横贯南北的长堤，既处置了淤泥，同时还为西湖增添了一道新的风景，这便是有名的"苏堤"。

拿苏堤与今天的一些政绩工程相比，两者的境界高下立判。今天的一些政绩工程主要是为了作秀和个人升迁而建的，与百姓的福祉无涉，而苏轼治理西湖则是切切实实为民谋利。更重要的是，如今的很多政绩工程建成没几天就遭人诟病（或者本身就建成了"豆腐渣工程"），而苏堤已经与西湖天然地融为一体，900多年以来一直造福后代，受世人称道。

更难能可贵的是，苏轼还写过专门的文章，详细地阐述了自己的治水理念。他在《禹之所以通水之法》一文中说："治河之要，宜推其理而酌之以人情。河水湍悍，虽亦其性，然非堤防激而作之，其势不致如此。古者，河之侧无居民，弃其地以为水委。今也，堤之而庐民其上，所谓爱尺寸而忘千里也。故曰堤防省而水患衰，其理然也。"意思是说，治水的关键是在"水理"和"人情"之间取得一种和谐，水灾的发生不单纯与水"湍悍"的"理"有关，而且也与人们"爱尺寸而忘千里"的短视行为有关，有的甚至直接就是人祸。据李敖先生研究，中国历史上水灾的发生多是由于官商勾结，霸占泄洪渠造成的。泄洪渠附近土地肥沃，灌溉便利，所以官商勾结，常把水渠附近的土地据为己有。这样，一旦下雨，过多的河水无法宣泄，就造成了水灾。这样的水灾就已经不是天灾，而是一种人祸。《宋史·食货志》中还记载了官商勾结，"盗湖为田"的情况。湖边的肥沃土地被富人占为田地之后，附近的百姓"岁被水旱之灾"，"所失民田，动以万计"，这恰好可以印证苏轼"爱尺寸而忘千里"之说。同时，它还揭露了强势人群如何仗势欺人，为了自己的"尺寸"之利，就要让普通百姓去承受巨大的水灾损失。用今天的话来说就是，有钱有势的人破坏了生态环境，灾难性的后果却要让平民百姓来承担，着实可恶。

不论哪一种情况，只要是人类的活动过度地压缩了水的活动空间，与水争地，水便会"激而作之"。也就是说，要想取得良好的治水效果，单纯地靠修堤防水是远远不够的。人们还必须从哲学和生态学的角度去认识治水，不能只看眼前利益，而应该着眼于长远，着眼于生态整体，着眼于人与自然的和谐相处。这种理念饱含智慧，对今人治水显然有着积极的启迪意义。最近，太湖、滇池等原本美丽的湖泊出现了蓝藻，洞庭湖流域也出现了鼠患，这些现象表明，我们在治水方面还有很多不足。我们一方面需要向西方学习先进的治水手段，同时还需要从中国古人那里汲取智慧，改变单纯的"工程治水"的思路，从哲学和生态学的高度去认识人与水、人与自然的和谐共生关系。只有这样，我们才能很好地应对危机，赢得一个美好的未来。

朱元璋的"政治交代"

"读史使人明智"，此话当然是不错的。不过我们也必须承认，有时读史也会让人心生悲凉。在一个特定的阶段，历史的发展会出现一种"逆淘汰"的现象：前人好的传统、做法往往会中断，而前人的"坏脾气"和"臭毛病"却会被放大。在读明朝历史的过程中，我的上述感受尤其强烈。

作为明朝的开国皇帝，朱元璋对整个明朝历史的影响显然是巨大的。从大的方面讲，他废除丞相，大权独揽，直接把中央集权的专制制度推向了一个极致，深刻地影响了整个王朝的政治走向；从小的方面看，他的一些无赖做法（比如"廷杖"大臣、把犯人的妻女发配到"教坊"做妓女等）也被他的子孙们所沿用。可是，朱元璋身上的一些优点却没有被他的后人继承下去。

朱元璋的勤政是很有名的。史书记载，他曾在8天之内批阅了1660份奏折，处理政事3291件，这个工作量是很大的。他一天要处理200多份奏折，一刻不停地工作也需要十四五个小时，比现在的公务员累多了。可是到了后来，朱元璋的子孙们越来越贪图安逸，明英宗时期，大臣们怕皇帝累着（当时皇帝年幼），规定每日早朝"只许言事八件"。再到后来，嘉靖和万历均有持续20多年不上朝的纪录。本来，大权就已集中到皇帝一个人的手上了，可作为最高领导人的皇帝却带头"罢工"，这国家怎么能搞好！

朱元璋是从社会底层一步一步地当上皇帝的，他了解民间疾苦，所以在当了皇帝之后还保持着艰苦朴素的生活作风，他很少喝酒，伙食也很普通。称帝之前，他还特意带着长子朱标去看农民的茅草屋，并告诫道："农民四季劳苦，粗衣恶食，国家之钱全靠他们供给。你要记住君主的责任，不可陷他们于饥寒。否则，于心何忍？"这段话记载在《明太祖实录》中，应该算是朱元璋的一个用心良苦的"政治交代"。可是后来的明朝皇帝哪里还记得老祖宗的谆谆教诲，正德皇帝不是在"豹房"中吃喝玩乐，就是秘密出宫，演一出游龙戏凤的风流戏；万历皇帝更耗费巨资修建自己的寝陵。

不仅如此，就连朱元璋生前做出的硬性的"政治交代"，也被他的后人抛弃了。总结历代的经验教训，朱元璋对宦官保持着高度的警惕。他认为，宦官中难有良善之辈，用来做耳目，则耳聋目瞎；用以为心腹，则为心腹之患。所以，他立下规矩，禁止宦官读书，即便是掌管图书典籍的宦官，也只许他们达到刚刚认字的初级水平，目的就是断绝宦官干预政事的可能。同时，他还在宫中立了一块铁牌，上书："严禁内官干预政事，预者斩。"这样的防范措施，不可谓不严密。可是，朱元璋死后没几年，他的这些规定就形同废纸了。朱棣当上皇帝后，很快便派太监统领军队，随后又派大名鼎鼎的太监郑和率领着庞大的船队出海。从此以后，太监的政治势力越来越大，直到最后出现了刘瑾、魏忠贤这样的大太监，而且发展成了"阉党"。当魏忠贤之流把明朝的政局搞得乌烟瘴气的时候，若朱元璋地下有知，他该多么失望！"种下的是龙种，收获的是跳蚤"，朱元璋当年对太监的防范是那么严密，可是，他一手开创的大明王朝还是成了我国历史上宦官擅权极其严重的一个朝代。

历史跟明太祖朱元璋开了一个大大的玩笑。

朱元璋无疑是少有的政治强人，可政治强人再强，也只能在活着的时候控制政局。当他死了之后，当他的血肉之躯变成一个牌位的时候，后继者们是否还拿他的"政治交代"当回事，是否还愿意把他的"政治交代"落到实处，那就不是他能控制的了。李亚平先生在《帝国政界往事》一书中曾这样评价朱元璋："朱元璋心思细密，考虑重大问题时，常常绕殿徘徊，正思逆想，反复斟酌。当他自以为一切安排都完美妥帖、天衣无缝时，偏偏忘记了自己的那些子孙，他们不会都是像他一样的工作狂。他们是要在深宫膏粱中出生、在满身脂粉香气的女人怀里和不男不女的宦官堆儿里长大的。于是，在后来的时代里，朱元璋的如意算盘都演变得面目全非。"此言甚是。

关键就在于体制本身。著名的历史学家费正清说，在废除丞相之后，朱元璋"把他自己的个人作用制度化了"，"自此皇帝完全可以为所欲为了。"既然皇帝"完全可以为所欲为"，那他就既可以勤政、简朴，也可以奢侈、胡闹，甚至是"罢工"。所以，在朱元璋之后，明朝出现那么多的荒唐皇帝也实在是情理之中的事。

总之，好的"政治交代"需要有好的体制支持才能得到落实。高度集权的专制体制是个坏制度，只要这个制度还是坚硬的，不论朱元璋本人的工作作风和生活作风多么优良，也不论他的"政治交代"多么英明、周密，历史的实际发展都会走向他最初设计的反面。这几乎是专制体制下所有政治强人的悲剧。

黄宗羲的思想和曹雪芹的创作

黄宗羲是明末著名的思想家，曹雪芹是清朝著名的文学家，两个人看似"风马牛不相及"，可实际上却有很多共同之处。比较这两个人的人生经历和他们所取得的成就之间的关系，我们会得到很多启发。

先来说黄宗羲。黄宗羲是浙江余姚人，他的父亲黄尊素是有名的东林党人，因弹劾大太监魏忠贤而被削职下狱，受酷刑而死。当时，黄宗羲只有17岁，父亲的冤案给了他很大的打击，他发誓要为父报仇。崇祯皇帝登基后，东林党人的后代们聚集在一起，进京替父亲鸣冤，其中的领袖就是黄宗羲。"阉党"集团被清除之后，黄宗羲带领东林党人的后代到关押父亲的监狱之地去痛哭祭奠，哭声传入皇宫，崇祯皇帝听后叹息道："忠臣孤子，甚恻朕怀！"

　　清军入关后，黄宗羲曾参加反清活动，失败后返乡著述，拒绝出来做官。可以说，父亲的冤案和明朝的覆亡是黄宗羲一生的家国之痛。家国之痛促使他深思，但他的思考没有局限于一家一国。他从父亲含冤而死看到了封建专制制度的罪恶，又从明清交替的乱世看到了普通百姓所承受的深重苦难。所以，他在《明夷待访录》一书中猛烈地抨击"家天下"的君主专制制度，他明确指出，君主的独断专行是造成人民苦难的根源。在封建社会里，黄宗羲能提出这样的思想，已属可贵。这还不够，他又说："盖天下之治乱，不在一姓之兴亡，而在万民之忧乐。"他把"万民之忧乐"置于"一姓之兴亡"之上，以普通百姓的视角而不是以帝王、皇族的视角来考察天下的"治"与"乱"，这一点在当时显然是具有颠覆性的。就是在今天，黄宗羲的这一思想也依然闪烁着可贵的民本主义的光辉。温家宝总理就曾说："我喜读黄宗羲的著作……身为天下人，当思天下事。而天下之大事，莫过于'万民之忧乐'了。行事要思'万民之忧乐'，立身要'先天下之忧而忧，后天下之乐而乐'。我应谨记这些道理，并身体力行。"

　　再来说一说曹雪芹。曹雪芹是我国伟大的文学家，他创作的长篇小说《红楼梦》脍炙人口，是中国文学宝库中璀璨的瑰宝。可是，我们必须知道，曹雪芹的家世同样很不幸。曹雪芹的祖先原本在辽阳，在明末与满人的作战中被俘，做了满人的家奴。清军入关后，原来的家奴也随之当上了大官。曹雪芹的曾祖父曹玺就在这种背景下当上了江宁织造。更关键的是，曹玺的夫人孙氏是康熙的保姆，对康熙有抚育之恩。而曹雪芹的祖父曹寅又是康熙幼年时的玩伴和"伴读"，所以，在康熙当政时，曹家的势力盛极一时。曹寅的两个女儿都被选作王妃。康熙皇帝六下江南，其中有四次都是以曹家的江宁织造署为行宫的。康熙皇帝对保姆孙氏有很深的感情，曾当着众臣的面说："此吾家老人也。"由此可见当时曹家之显赫。可是，在雍正时期，曹家因清朝宫廷斗争而被株连，家产被抄没，家道迅速没落。

曹家由盛而衰的经历对曹雪芹产生了极为重要的影响。从钟鸣鼎食的贵族生活到"举家食粥"的困顿人生，强烈的生活落差使曹雪芹对社会有了更全面、更深刻的认识，也使他对封建专制社会的罪恶有了切身的体验。正是在这种情况下，曹雪芹把个人和家族的悲剧升华为文学艺术，写出了不朽的巨著《红楼梦》。通过《红楼梦》，他深刻地揭示了封建专制制度必然走向没落的历史真实。

比较黄宗羲和曹雪芹的个人经历，我们不难发现：两个人都曾经历过巨大的家庭悲剧，两个人都是从个人的家庭悲剧出发，层层追问，最后揭示了时代的悲剧。所以我们说，这两个伟人尽管所处的时代不同，所从事的文化领域不同，但是他们都以苦难的人生做养料，成就了非凡的事业，他们经历了个人的苦难又战胜了个人的苦难。他们以个人的悲剧来体验、印证时代的悲剧，然后以揭示时代的悲剧来完成人生的超越，成就悲天悯人的思想情怀，成就惊天动地的不朽事业。仅从这一点上看，黄宗羲和曹雪芹也值得今人学习。

再进一步思考，我们就会发现，无论是作为思想家的黄宗羲，还是作为文学家的曹雪芹，他们所揭示的时代悲剧的根源，最后都指向了"家天下"的封建专制制度。曹雪芹通过描写贾、王、史、薛四大家族的衰落过程，以文学的、感性的文字反映了封建制度必然走向没落的历史真实。而黄宗羲则通过对历史的研究、通过缜密的逻辑思辨，以文化的、理性的文字揭示了封建专制制度的罪恶。二者殊途同归。

我们不妨从大的历史视角来考察这个问题。秦始皇开创的中央集权的封建帝制到了明朝已经运行1500多年了，在如此漫长的历史进程中，帝制已经走到了暮年，它的活力日渐消耗，而弊端日益严重。到晚明，这个制度已千疮百孔。作为卓越的思想家，黄宗羲、顾炎武、王夫之等人看到了这一点，他们反对封建专制和封建道统，反对君主专制独裁，提倡"民为主"，他们在理论上为封建王朝敲响了丧钟。明朝灭亡之后，满人入关，建立了清朝。但吊诡的是，在军事上作为胜利者的满人并不能在文化上、制度上同样续写辉煌，他们向汉人原有的制度和文化"投降"，继续在一潭绝望的死水中挣扎。异族统治虽然给封建帝制输入了少许新鲜的血液，但不能从根本上解决问题。曹雪芹感受到了这一点，他拿起了笔，以文学艺术的形式宣判了封建王朝的死刑。

黄宗羲是晚明正直的士大夫之子，曹雪芹是满人的家奴之后，两个身份迥异的人在历史的必然归宿面前走到了一起。他们握手言欢之时，恰是封建王朝土崩瓦解之日。谁能说这不是历史的辩证法呢。

道光皇帝"偏心眼"

在实行"计划生育"政策之前，中国的父母往往养育多个子女，从理性的角度讲，父母应该对所有的子女一视同仁，可实际上，父母往往自觉不自觉地偏爱某一个孩子。如果再仔细观察，我们还会发现，被父母偏爱的那个孩子，往往不是因为他（她）更优秀，而常常是因为他（她）娇弱多病，楚楚可怜。从理性的角度来看，娇弱意味着身体不够健壮，楚楚可怜往往是性格懦弱的表现。可是，父母的舐犊之情常常会战胜这些理性的判断，促使他们把更多的爱献给这个孩子。对于这种现象，人们形象地用"爱哭的孩子有奶吃"来概括，并称之为"偏心眼"。

皇帝也是人，为人君之外，他也要为人父，所以，从皇帝身上，我们也可以看到这种"偏心眼"现象。所不同的是，较之寻常人家，皇帝"偏心眼"所招致的后果当然更严重。

这方面最典型的例子就是清朝的道光皇帝。道光皇帝共有9个儿子，等到他晚年该选接班人的时候，前3个儿子都已经死掉了，剩下的孩子中，老五过继给了别人，老七、老八、老九都太小，所以，就只能在老四和老六之间选接班人了。以才能而论，老六奕訢（言加斤）要胜过老四奕詝（言加宁）。可是，老四是个苦孩子，很小的时候亲生母亲就死了，练习骑马的时候又摔坏了腿，成了跛子。他还得过天花，落下了一脸麻子。在外人看来，老四的这些不幸是缺陷，可在老爸道光皇帝心中，这些不幸反而更能引发深深的父爱。所以，有意无意之间，道光皇帝就对老四产生了偏爱之心。这种"偏心眼"最终致使道光皇帝选错了接班人。

在选接班人之前，道光皇帝在老四和老六之间进行了两场考试。先是在木兰围场举行了一次狩猎活动，意在考察两位皇子谁更勇猛。老六刀马娴熟，打了很多的猎物，可老四却空手而归。道光感到奇怪，就问老四：你怎么什么都没打到？难道你的身上就没有一点我们满人的勇武之气吗？

老四回答：现在是春天，很多母兽怀上了小崽，我实在不忍心猎杀它们。

道光听后很感动，说四皇子有仁爱之心。好，第一场老四胜出。

后来，道光生病了，很严重，就又以治国之策考两位皇子。

道光先召见老六，对他说：老爸病重了，如果我去世后江山交到了你的手上，你该如何治理？老六平时就聪明果敢，这时就把自己的治国设想全盘说出。道光很满意，觉得老六有治国之才。

接着道光以同样的问题问老四，老四一直哭，不回答。道光很着急，就催问：我在问你将来如何治理国家，你干吗不回答，却一直在哭？老四说：老爸您都病成这样了，我哪有心思想治理国家的事呀，我就想着让您的病好起来，不想让您离开我们。

老四的马屁拍得非常到位。道光一听，这孩子真是孝顺呀！皇位不传给他还传给谁？于是，这个又跛脚又麻脸又懦弱的老四就成了道光的接班人，即后来的咸丰皇帝。

道光皇帝万万没有想到，老四在这两场考试中的表现并非出自真心，而是源自他的老师杜受田的指点。"偏心眼"的道光皇帝就这样"看走了眼"。后来的历史也一再证明，就治理国家的才能而言，老六奕䜣（言加斤）远远胜过老四奕詝（言加宁）。更可怕的是，老四还娶了一个坏女人叶赫那拉氏，也就是后来的慈禧太后。咸丰死后，慈禧太后掌控国家大权近半个世纪，极大地阻碍了中国的进步。可见，道光皇帝"偏心眼"的后果是多么严重！

"偏心眼"现象所折射出的，其实是人类在情感与理性之间所进行的艰难挣扎。就理性而言，道光皇帝可能也知道老六比老四更适合当皇帝，可是，他就是过不了自己感情这一关。帝王的角色要求他选出一个有才干有魄力的儿子来接班，可父亲的情感又驱使他把更多的爱献给柔弱的孩子。这两种角色之间存在着尖锐的冲突。在关键时刻，父亲的舐犊之情战胜了帝王的治国理性，道光本人的悲剧以及大清国随后的悲剧由此产生。

今天，绝大多数的中国家庭只有一个孩子，父母"偏心眼"的现象近乎绝迹，但是，"偏心眼"现象所折射出的人类在情感与理性之间的冲突并未消失。经过漫长岁月的进化，人类拥有了良好的理性判断，但是，情感是他们本能的生命密码。在关键的时刻、在面临着最重要的抉择之时、在感情和理智发生最激烈的冲突之际，人们往往会听从情感的召唤而抛弃所谓的理性指引。对此，我们必须有清醒的认识，并时刻加以警惕。

智者不免斯疾

——从林则徐的疝气谈起

彼得·伯驾（Peter Parker）是美国来华的第一个传教士，在近代中外关系史上也是一个重要的人物。他于1834年10月来到中国澳门和广州，于1935年11月在广州创办了新豆栏医局，这是外国传教士在近代中国开设的第一所西医医院。由于医院的经费由英美商人捐助，伯驾在1839年以前一直免费为中国百姓治病。正因如此，在开设的第一年，新豆栏医局就诊治病人2152人次，赢得了中国百姓的信任。更值得一提的是，很多清朝的官员也慕名请伯驾看病，其中就包括大名鼎鼎的林则徐。

　　道光十九年（1839年）春，林则徐以钦差大臣的身份到广州着手禁烟。林则徐本来就有疝气病，来广州后劳累过度，旧病复发。这一年的7月，林则徐托人与伯驾取得联系，讨教了两件事：其一，西方有无戒鸦片的特效药；其二，能否治疗疝气病。前者为公，后者为私。伯驾答复，没有戒鸦片瘾的特效药，但治疝气病有办法，不过要病人亲自来，因为他要给病人量身定制一个疝气带。这时，有趣的事情出现了，林则徐以为，身为钦差大臣，自己的身体不能轻易地给外国人看，如果再把身体的隐私部位暴露给传教士，那实在是有失"官体"的事。所以，就找了个身材和自己相仿的人作替身，派他去见伯驾。伯驾虽然对林则徐的做法难以理解，但还是给林则徐建了一个编号为6565的病历，为其诊断了病情，托人带去了药物和疝气带。经伯驾的治疗后，林则徐的病情明显好转。为表感谢，林则徐派人给伯驾送去了水果。

　　如果事情到此结束，人们可能就把它仅仅当成一段历史趣话了。可是，问题没这么简单。林则徐在治疗疝气时的表现，可以说是当时中国人思想局限性的一个象征。在鸦片战争之前，中国人普遍的观念是：大清国是"天朝上国"，大清国的军队是战无不胜的，大清国的皇帝是永

故纸眉批

远圣明的，而英吉利不过是"蕞尔岛夷"！长期的闭关锁国使得中国人根本不了解西方，不了解人家西方的工业革命与思想启蒙，更不了解所谓的"西学"和国际法则。

林则徐是道光年间最伟大的政治家，是"近代中国睁眼看世界的第一人"，他的爱国情怀和实干精神永远值得人们敬仰，可是即便如此，他的思想观念仍有局限性。这种局限性不仅仅体现在看疝气上，也体现在他呕心沥血所领导的禁烟运动中。林则徐和他领导的禁烟运动的历史功勋是任何人都不能抹杀的，可是，在禁烟运动中，林则徐所采取的一些"严切手段"在今天看来却大有检讨的必要。在《中国近百年政治史》一书中，著名的历史学家李剑农先生就指出："他（林则徐）那恳切至诚的精神，我们至今还应该敬仰佩服。但他对外的思想知识，为时代所拘，因之所采取的手段方法，也不能不错误，我们不能为他讳饰。他的注意点，专在鸦片一件毒物上面：第一要消灭已经到了广东的鸦片，第二要断绝以后鸦片的来源。凡他认为可以达此目的的一切手段，尽量采用。"也就是说，在禁烟的过程中，林则徐犯了"为了目的不择手段"的错误。

为了更好地理解李剑农先生的话，我们不妨简单地回顾一下历史。1839年3月18日，刚到广州八天的林则徐就下了两道"谕帖"，命令中外所有商人必须将现存所有鸦片一律上缴，不许有丝毫隐匿；同时要出具保证书，声明"嗣后来船，永不夹带鸦片，如有夹带，一经查出，货尽没官，人即正法"。第二天，林则徐又下令，在广州的所有外商，在鸦片未缴清之前一概不许离开广州。随即，在外国人的商馆周围布置卫兵，"稽查出入"，商馆与黄埔、澳门之间的船舶往来也一并截断，不许私通信息。接着，又将外国人所雇佣的中国仆役从英国商馆撤离，于是，所有的英国人均被围困于商馆之内，"形若狱囚"。林则徐以为，把外国商人围禁在商馆之中，他们没有办法，就只能将鸦片交出来了。果然，英国商务监督义律迫于形势，通令英商将所有鸦片交出，共20283箱。这些鸦片后来在虎门销毁。

如此一来，林则徐的第一个目的——消灭已经到广东的鸦片——已然达到。只要英商再写下日后"永不夹带鸦片"的保证，整个禁烟运动就可大功告成了。可是，义律坚决不让英商出具这样的保证书。他认为，查出商人夹带鸦片，不经过正常的审判程序，就"货尽没官，人即正法"是一种非常粗暴的不法行为，与现代的法制观念万万不容，遂命令英国商人退出广州，移住澳门。然后他在澳门致函林则徐，希望在他没有接到英国政府的训令之前，林则徐能够准许英国商船在澳门起卸货物。这一要求也遭到了林则徐的拒绝，中英关系日趋紧张。

随后发生了"林维喜事件"，此事成了战争的导火线。1939年7月7日，英国水兵多人到香港附近的尖沙咀买酒，因买酒不成，遂对当地百姓施暴，居民林维喜被殴打致死。事情发生后，中英两国为争夺裁判权再次发生争执。中方以犯罪地点在中国领土为由，要求义律将凶犯交给中国，而义律不肯。林则徐遂沿用嘉庆时期的旧例，对英国人"禁绝柴米"，"不准买办食物"，认为以此可以"压服"英国人，没想到却激起了战争。

这就涉及到了中英两国在思想观念上的巨大差异。在封建制度下的中国，"皇言如纶"，皇帝的命令就是法。相应的，得到皇帝默许的官府的命令也可以成为"新法"，钦差大臣的命令当然就更可以成为"新法"。

外国人来到中国的土地上，不听钦差大臣的命令，"不听吆喝"，几乎就等同于违抗圣旨，所以"货尽没官，人即正法"实在是天经地义的事。至于"围禁商馆""禁绝柴米"等做法，则不过是为了让你们交出违禁品所采取的措施——"好言相劝你不听，就只好给你来点厉害的了"。这是中国官府办案的常规套路，用"连坐"的办法逼你就范，用追究连带责任的方式使你屈服。鸦片既是英国人贩卖的，英国商馆就该负连带责任，义律尤其应该负"领导责任"，所以"围禁商馆"没什么不对；林维喜是英国人打死的，你义律不肯将凶犯交出，你就是庇护罪犯，自然也该负连带责任，"依嘉庆十三年之先例，禁绝柴米食物"又有什么不妥呢？用林则徐奏报给道光皇帝的话说，这不过是"喻以理而怵以威"而已。用当时中国人的眼光来看，这一切也实在没什么可大惊小怪的——中国官员对本国的老百姓一贯施行的不就是这一套嘛。

可是，在英国人看来，在一个文明的国度里，国家的法律和政府的命令完全是两回事，政府随便的一个命令断不能立即构成新罪名，你钦差大臣的一个命令怎么就可以置人于"货尽没官，人即正法"的地步？此外，判定他人有罪，要有充分的证据，不能在犯罪事实尚为查明之前就随意剥夺他人的财产权和人身自由权，更不可仅凭怀疑就将惩罚加诸某一特定人群。以此来看，林则徐勒令交出鸦片、"围禁商馆""禁绝柴米"等做法皆属强暴非法之举，"是可忍，孰不可忍？"英国人很愤怒，后果也很严重。

其实，早在鸦片战争开始之前，就有人看到了林则徐"不了解西方法律和国际惯例"这一缺欠及由此可能造成的严重后果，这个人便是给林则徐治疗过疝气的美国传教士伯驾。1839年7月，他给林则徐写了一封信，信中详细阐述了他对中英局势的看法。他首先表达了对林则徐的敬意和对禁烟运动的理解："（我）在来广州之前，已有许多人称道阁下的清廉、爱国主义和人道主义。我自第一次获悉这样一位大臣即将光临，心中感到非常高兴。慈悲的上帝给予他的国家一位拯救者，来消除如此令人忧虑的罪恶。我每天向上帝倾诉最热忱的祈祷，求上帝引导钦差大臣，能够胜任这项困难的事业。"接着，他指出了林则徐在禁烟运动中的一些缺憾："钦差大臣由于不了解各国的法律，不晓得他们的强大，无意识地采取了与友好国家惯例相抵触的措施，已经程度不轻地得罪了英国。"然后提出他自己愿意出面调解中英两国的矛盾："鄙人愿不惜个人生命的安危，采取任何手段帮助大国之间恢复和好。我是一个世界公民，全人类的朋友，只有一个目标使我的生命感到宝贵，那就是竭尽全力做一切善事。"在信的最后，他还说："我还要进而向阁下建议，最好能预见到战争的害处，撇开'强硬的语言'（这就是骄矜与傲慢），采取和平的解决办法。英国已经准备提出她认为公正的要求，倘若不肯欣然答应的话，随之而来的将是流血。英国已经在世界各地占领了许多国家，我担心英国也希望占领中国……我最乐意再次向阁下请愿，在我的能力范围内，尽量为阁下效劳。"种种史料证明，林则徐当年收到了伯驾的信，可是他没有答复。到了1840年4月，伯驾给美国的亲属写信说："中国和大不列颠的战争看来是无法避免了，而且在不远的日子就会爆发。我已经施加了我一点小小的影响，让中国能预见和避免这次不幸，但是他们太骄傲，不肯屈从，而且是深深地陷在无知之中，对已经被他们从兽穴中弄醒的狮子（英国）的力量，仍然毫无感觉。"

　　两个月后，中英之间的鸦片战争爆发了。伯驾不得不关闭他在广州的新豆栏医局，离开广州前往澳门。三个月后，林则徐亦被革职。到1842年8月，鸦片战争最后以清朝的割地赔款而告结束。

　　仁人难期永寿，智者不免斯疾。林则徐虽然是"仁人"，可是，他也会得疝气病，得了疝气病也得请洋人治疗；林则徐虽然是"智者"，是"近代中国睁眼看世界的第一人"，可是由于时代的局限，他对西方的了解仍然是十分有限的。由于不了解西方的法律和国际惯例，他在禁烟运动中所采取的"严切"手段挑战了西方文明的"禁忌"，激化了中英两国的矛盾。

　　今天的国人固然无法要求160多年前的林则徐具有现代的法治精神和人权观念，但是我们有权利要求今天的官员不要再犯林则徐犯过的错误。

无能的皇帝爱哭穷

　　看到这个标题，有的读者可能会纳闷：若说普通百姓，穷苦人家，日子过得吃了上顿没下顿的，哭哭穷还好理解，富有天下的皇帝怎么会哭穷呢？可是，历史的吊诡之处就在于很多不合常理的事确实发生过了。你若不信，且听我细细道来。

　　喜欢读史的人都知道"捐纳"这个词，"捐纳"说白了就是朝廷卖官。卖官这种事早在秦汉时期就有，可是到了清朝，"捐纳"制度化了，尤其是到了清朝后期，嘉庆之后的皇帝几乎个个哭穷，哭穷之后就大肆卖官。

在中国历史上，道光皇帝以提倡节俭出名——他自己经常穿着带补丁的袍子上朝，可同时他在卖官方面也"出手大方"。他在位30年，年年有卖官的记录，仅卖地方官所得就有3388万两白银，如果再加上卖京官所得，数目就更大了。

读者或许会问：道光皇帝难道就不知道卖官鬻爵的危害吗？答曰：卖官鬻爵会导致官场急速腐败，这是一个非常浅显的道理，道光皇帝当然知道。道光十六年，皇帝召见翰林张集馨时说："我总不放心捐班，彼等将本求利，其心可知。科目未必无不肖，究竟礼义廉耻之心犹存，一拨便转。得人则地方蒙其福，失人则地方受其累。"你看，道光皇帝的"认识水平"一点都不差。

再问：明明知道有危害他为什么还要去做？答曰：他觉得自己太穷了，不如此不能"脱贫致富"。到了道光二十九年，皇帝又对时任贵州布政使的张集馨说："我最不放心的是捐班，他们素不读书，将本求利，廉之一字，诚有难言。我既说捐班不好，何又准开捐？……无奈经费无出，部臣既经奏准，伊等请训时何能叫他不去，岂不是骗人吗？"至此，一语道破天机：朕实在是穷得没办法了。

贵为天子，还如此"哭穷"，真是不可理喻。穿带补丁的衣服上朝是为了省钱，卖官鬻爵是为了挣钱，看来这道光皇帝可真是掉到钱眼里去了——"我的眼里只有钱"呀。

更可悲的是，"我的眼里只有钱"的领导有时非但不能解决财政危机，而且还会引发更多的危机。原因就在于：以近乎苛刻的"节俭"来"节流"，企图解决财政困难，那是望梅止渴；靠卖官鬻爵来"开源"，以增加收入，那是饮鸩止渴。

在这方面，道光皇帝就是一个很好的反面教材。他穿着带补丁的衣服上朝，在生活上固然节俭（也可解读为作秀），可是，恰恰是在他当政时发生了鸦片战争，中国战败，签下了丧权辱国的《南京条约》，赔偿英国白银2100万元。若用这2100万元买袍子，那得买多少呀。贵为皇帝，好歹也是一国元首，你又何必惨兮兮地穿带补丁的衣服呢？说到底，这就是无能——在治理国家上实在是没本事了，所以只能祭起"提倡节俭"这面道德的旗帜，企图靠自己"以身作则"的行为感动群臣，教化万方。岂不知，道德的功能从来都是有限的，它对社会的功能是锦上添花，而非雪中送炭。在政治清明、国势强盛之际，道德建设确实可以让社会好上加好，更加和谐；可是，在吏治腐败、国运衰微之时，再想通过道德教化来"挽狂澜于既倒"，那实在是痴心妄想。

道光皇帝"以身作则"提倡节俭的行动没怎么奏效，可他卖官鬻爵的做法却使清朝的官场更加腐败，大清官员苟且偷安、贪污成风。同时，道光还重用曹振镛、穆彰阿两个庸才。曹振镛不但自己不向皇帝说实话，而且还提醒皇帝该如何打击那些敢于直言上谏的人，他说："今天下承平，臣工好作危言，指陈阙失以邀时誉。若遽罪之，则蒙拒谏之名。惟择其细故之舛谬者交部严议，则臣下震于圣明，以为察及秋毫，自莫敢或纵。"看看，用这么卑鄙的人作军机大臣，道光一朝的政治怎么能清明，而穆彰阿之昏聩无能，更是尽人皆知。

正是因为皇帝的无能，所以一些无耻无能之辈才能官居高位。如果皇帝本人有雄才大略，那他就断不会重用曹振镛、穆彰阿这帮无能之辈。当然，如果皇帝确有本事，他更不会以穿带补丁的衣服为能事，更不会向臣子哭穷以示"我也有难处呀"。

事实上，大清国的财政不但没有因道光皇帝的"节俭"和卖官而好转，反而更加困难了。咸丰三年，国库仅存22万两白银，还不够当时包围南京的江南大营一个月的军费开销。面对如此的"穷家底"，咸丰皇帝只好再次"哭穷"，不过这次是真哭，万乘之尊在朝堂之上大放悲声，哭得涕泗滂沱。

光"哭穷"不顶事，想出办法"救穷"才是最重要的。可是，咸丰皇帝也想不出更好的"救穷"之策，他想到的还是卖官。从此之后，大清朝的卖官之风是愈刮愈烈，官越卖越多，官场越来越腐败，直到最后把整个大清国都给"卖"了。

皇帝也哭穷，此事乍一听有点不好理解，可细一想又在情理之中。俗话说："靠山吃山，靠水吃水。"皇帝号令神州，要山有山，要水有水，可他还觉得不够，还要哭穷。难道是"祖国的山山水水"对不起他道光、咸丰吗？绝不是。拥有偌大的神州还要"哭穷"，这只能说明他们的无赖和无能！道光哭穷，在他当政时发生了鸦片战争；咸丰哭穷，在他当政时发生了英法联军火烧圆明园事件。这些便是他们无能的明证。

当今社会，爱哭穷的人也不少，反映在媒体上，高校教师、足球队员、娱乐明星都说"日子不好混"之类的话。而在现实生活中，不少单位的"一把手"也在哭穷："几百口子人要吃饭，花钱的地方多，挣钱的地方少，难呀!"弱势群体哭穷尚可理解，如今强势人群也在哭穷，这就让人深思。我写下无能皇帝爱哭穷的旧事，就是要给大家提供一个考察哭穷现象的"历史路径"。

应该引起我们深思的还有"哭穷"之后的作为。大凡"哭穷"者，哭过之后，总会卖点什么，而且卖掉的东西往往会是极其宝贵的。真正的穷苦人家，哭过之后会卖儿卖女。皇帝哭过之后，卖官鬻爵就成了他"脱贫致富"的首选。卖儿卖女，卖掉的是骨肉亲情；卖官鬻爵，卖掉的是朝廷的尊严和官场的廉洁。

我真的不愿意听到越来越多的人在"哭穷"，同时更不愿意看到他们在"哭穷"之后卖掉操守、诚信、尊严和良知——这些都是人性中最可宝贵的资源。

慈禧太后的"问责"

义和团运动刚刚兴起的时候，清廷在相当长的一段时间里态度暧昧，听任地方官员自行处置。这样，官员中就分成了两派，一派看到"拳民不足恃"，主张剿灭，一派则看到"拳民"的排外情绪可为朝廷所用，主张利用义和团来对抗外国列强。

1900年春夏之交，义和团在一些官员的支持下势力坐大，逼近京津，朝廷再也不能漠然置之了。这个时候，最高决策者慈禧太后依然拿不定主意，她既不知传说中拳民的"神功"是真是假，也不知这股来自民间的力量能否为己所用。于是，慈禧太后派赵舒翘、刚毅等大臣前往涿州"考察"，打探义和团的虚实。考察后，刚毅力陈"拳民可恃"。赵舒翘虽看出义和团所谓的"神功"是假的，可是，他是个老于世故的官僚，不想得罪实权派人物刚毅，所以就在给慈禧太后的报告中含糊其辞，不明确表态。

在刚毅、赵舒翘等人的影响下，慈禧太后以为义和团确有“神功”，于是下决心招抚义和团。有了朝廷的明确支持，义和团排外情绪高涨，不仅屠杀传教士和教民，而且连与洋人有关的铁路、电灯、电线等亦在捣毁之列。在这种情势下，西方列强要求清廷镇压义和团，以保护使馆、传教士和教民的安全，否则，就组成联军，再次侵华。到了这个时候，问题从对义和团的“剿抚之争”转变成了对西方列强的“和战之争”，内政转化成了外交。是剿灭义和团以换取国际和平，还是依靠义和团向西方列强宣战，朝廷必须在两者之间作出选择。

由于事关重大，清廷连续举行了四次御前会议，讨论战与和的问题。在会议上，主和派与主战派进行了激烈的辩论。主和的大臣有许景澄、袁昶、徐用仪等，他们主张镇压义和团，缓和与西方列强的矛盾。主战的大臣有刚毅、载漪、徐桐等，他们支持义和团，主张对外宣战，攻打使馆。在第四次御前会议上，慈禧太后明确表示要向“万国”开战，可她又说：“诸臣有何意见，不妨陈奏。”内阁学士联元坦率地说：“如与各国宣战，恐将来洋兵杀入京城，必致鸡犬不留。”此言一出，慈禧勃然变色，说：“这说的是什么话？！”光绪皇帝知道万不可与西方列强开战，但慑于慈禧的淫威，不敢明说，想借“通洋务”的大臣许景澄之口说动慈禧。他从座位上下来，拉着许景澄的手说：“许景澄，你是出过外洋的，又在总理衙门办事多年，外间情势你都知道，这能战与否，你明白告诉我。”

许景澄说：“闹教堂伤害教士的交涉，向来办过的，如若伤害使臣，毁灭使馆，则情节异常重大，国际交涉上罕有此种成案，不能不格外审慎。"

光绪皇帝听了这番话，悲从中来，拉着许景澄的手痛哭，许景澄也随之涕泣。慈禧太后见此情形，厉声呵斥："这算什么体统！"

最后，慈禧太后还是决定向西方各国开战。作出开战的决定后，慈禧太后对主和派官员进行"问责"。在1900年7月28日和8月11日，慈禧太后分别将主和的许景澄、袁昶、徐用仪、立山、联元等五人处死。

开战之后，义和团的"神功"当然不敌西方列强的洋枪洋炮。八国联军以"保护使馆"的名义长驱直入，于8月14日攻陷了北京城。这时，慈禧太后才知"拳民不足恃"，只好带着光绪皇帝仓皇出逃。

在向西逃亡的途中，慈禧太后开始设法与西方列强议和。为了表达议和的诚意，朝廷连续下诏，剿灭义和团。剿灭义和团的同时，曾经支持义和团、主张开战的官员也遭到了慈禧太后的"问责"：载勋、赵舒翘、毓贤、启秀、徐承煜、英年等人均被处死，刚毅本应斩立决，因病故而得免，徐桐因在八国联军攻破北京城之际自尽而得免，其余因主战而获罪的官员还有一百多人。

在剿灭义和团、惩办主战大臣、签订屈辱条约之后，清廷与西方列强议和成功，慈禧太后得以重返京城。面对国家的这次劫难，慈禧太后把她自己本该负的责任推得一干二净。她说："这都是刚毅、赵舒翘误国，他们实在死有余辜。"在此基调下所发的上谕也把责任完全推给了"诸王大臣"："……追思肇祸之始，实由诸王大臣等昏谬无知，嚣张跋扈，深信邪术，挟制朝廷，于剿办拳匪之谕，抗不遵行，反纵信拳匪，妄行攻战，以致邪焰大张，聚数万匪徒于肘腋之下，势不可遏。"

平心而论，刚毅、赵舒翘等人在"庚子之变"中确实负有不可推卸的责任。但若真正"问责",慈禧太后无疑要承担最重要的责任。当时,朝廷上虽有刚毅等人主战,但也有许景澄等大臣客观冷静地分析局势,指出了向西方列强开战的灾难性后果。可是,慈禧太后不但不听取正确意见,反而处死了许景澄等五位主和的大臣。慈禧太后在"庚子之变"中两次"问责",两次大开杀戒,主和派和主战派均成了她的刀下之鬼。可是,她却恰恰漏掉了最该承担责任的人——自己,这样的"问责"充分地暴露了独裁者的无耻。

继续追问,主战派也好,主和派也罢,这些大臣都不过是慈禧太后的替罪羊。他们的人生悲剧实际上正是封建时代君臣关系的一种真实写照。在专制体系下,最高统治者永远"圣明",所以,明明是"圣上"(有时也会是太后)犯下的错误,后果却要由"臣子"来承担。这样的君臣关系在歌舞升平的时期还能对付,但若遇到大事,赶到非常时期,就会将"臣子"置于两难的境地——若坚持说真话,就会触怒龙颜,有被杀头的危险;若曲意逢迎,揣摩着主子的心思说话,一旦铸成大错,自己也会成为替罪羊,也有被杀头的危险。可见,封建专制体制之下,即便是王公大臣,也不能把握自己的命运,他们进退失据、"里外不是人"的窘境恰恰从一个侧面揭示了专制制度的罪恶。

遥想光绪当年

光绪皇帝的命运始终与慈禧太后密不可分。1874年,同治皇帝病逝,同治无子,慈禧太后遂指定刚刚三岁半的爱新觉罗·载湉继承皇位，是为光绪皇帝。慈禧太后之所以选中光绪，是为了便于自己垂帘听政。光绪是咸丰皇帝的侄子、慈禧胞妹的儿子，慈禧太后是他的婶子兼姨妈。

慈禧有极强的控制欲，一直想让光绪皇帝对她百依百顺。在光绪皇帝小的时候，慈禧一面用心抚育，一面严厉管教。据太监寇连材回忆，光绪童年时，慈禧的呵斥之声不绝于耳，稍不如意，慈禧就对光绪严加惩罚，或鞭挞，或罚跪，积威之下，"皇上见西后如见狮虎，战战兢兢"。这样的童年生活使得光绪皇帝的胆子比较小，据说即便长大之后，光绪"每闻锣鼓之声，或吆喝之声，或闻雷，辄变色云"。在这种情况下，少年光绪只能看慈禧的脸色行事，即便在选皇后这件事上，他也不敢忤逆慈禧，只好委屈自己，选择了慈禧的侄女那拉氏（即后来的隆裕皇后）。作为帝王，光绪的政治生命已然是个悲剧，而这次不如意的婚姻又使他的感情世界也充满了愁苦。日后，光绪喜欢珍妃，并不喜欢隆裕皇后。可是慈禧太后却百般干预，最后竟残酷地处死了珍妃，给光绪以极大的精神打击。当然这是后话，且按下不表。

现代心理学告诉我们，如果一个人的意志长期受到强烈的抑制，那么，这个人的反抗意识就会在内心深处慢慢生长，总有一天，这种反抗意识会像火山一样爆发出来。这种理论完全可以用在慈禧和光绪之间的关系上。到了1898年戊戌变法之时，光绪压抑了多年的反抗意识终于像火山一样爆发了。这一年，光绪皇帝27岁，他有了自己的"政治理想"，他不想做亡国之君，他想带领着这个国家通过"变法"走向富强。于是，光绪采纳康有为、梁启超等人的建议，发动了戊戌变法运动。维新变法虽然最后失败了，但光绪皇帝的政治人格和理想追求却得到了升华。在短短的103天里，他发出了110多道变法诏书，极力除旧布新，成了历史上有名的维新皇帝。李敖在《北京法源寺》一书中说，如果只为个人命运考虑，光绪皇帝本可以不变法（不变法，他照样当他的皇帝，照样"吃香的喝辣的"），但是，光绪皇帝置个人命运于不顾，不惜以自己的皇位和生命为赌注，毅然决然地发动变法。他为的不是他个人，而是整个国家。仅此一点，就值得尊敬，值得志士仁人为其效命。

更让人感慨的还在后面。戊戌变法失败后，慈禧太后将光绪皇帝囚禁在瀛台（她一度想废掉甚至毒死光绪，但慑于国内和国际势力的压力，没敢做）。在被囚禁的日子里，光绪皇帝于愁苦之中锲而不舍地做着两件事，其一是大量阅读外国政治学和历史学著作；其二是坚持学习英语。学者叶晓青在中国历史档案馆发现了两份光绪皇帝1908年的读书目录，这些图书是光绪朱批索要，由内务府提供的。第一份书单包括孟德斯鸠《法意》等共40部政治学、法学著作，内容已然超过了今天政治学博士的课程；第二份读书目录更长，内容涵盖了世界上主要国家从古至今的历史。此外，光绪皇帝还每天坚持学习英语。史书记载，光绪皇帝记忆力很好，所以学习不久就能读英文小说了。得知此事后，慈禧太后也想凑热闹学英语，可惜，她不是那块料儿，刚开了个头就学不下去了。

王小波曾经写过一篇文章《皇帝做习题》，说得知康熙皇帝也曾做过几何习题后，他就对康熙皇帝有了亲近之感，因为"他和我有过共同的经历"，也一定会有"共同体验"。按照这个说法，光绪皇帝读政治学、历史学著作，学习英语，这两件事也会让今天的人们感到十分亲近。有了"共同体验"之后，我们几乎不难走进光绪皇帝的内心深处。即便是做了囚徒，即便临到生命的终点，这位皇帝依然没有放弃他的政治理想，他希望有朝一日还能运用这些现代的政治学理论为这个落后的国家鞠躬尽瘁。可惜，他没能等来这个历史机会。

1908年11月14日，光绪皇帝"驾崩"，一天之后，慈禧太后也死了。皇帝和太后相继死去，给世界留下了各种各样的谜团。关于光绪死亡之谜，一直有种种说法，有的说是慈禧太后在临死之前害死了光绪，有的说是袁世凯害死了光绪，还有的说是大太监李莲英害死了光绪。当然，更多人认为光绪是自然死亡。

光绪皇帝是慈禧太后的侄子兼外甥，慈禧太后对他有过抚育之恩，可是，发生在1898年的戊戌变法活动，使得两个人的关系由亲人变成了敌人。十年之后，这对政敌几乎同时撒手人寰（相隔不到24小时）。而大清帝国此时也摇摇欲坠了。

光绪皇帝"驾崩"的第二天，英国一家报纸撰文称："如果这位已故皇帝所推行的改革获得成功，中国将会是另一番模样。"赞誉和惋惜交织在一起，准确地说出人们对光绪皇帝的态度。

长期以来，人们一直以为光绪就是慈禧的傀儡。这自然不错，但过于简单。傀儡也有反抗的时刻，而且反抗起来还非常决绝，这其中的愁苦与辛酸、挣扎与反抗、失败与坚持，足以令后人唏嘘不已。

历史有时确实让人心生悲凉，戊戌变法的失败尤其如此。救国理想破灭，仁人志士喋血，维新皇帝被囚，这些都让后人郁闷、悲观，但是，我们必须看到，在这一切悲剧之后，一位身体羸弱的皇帝依然没有放弃希望，他身遭软禁却胸怀天下，他的身体被限制在小小的瀛台，可他的心灵却早已越洋过海，去寻找国家的出路。从光绪皇帝的这份坚持中，我们不难看出人性的坚韧和顽强，而这，也正是历史赋予人们走向美好未来的不朽的力量。

秋瑾之墓与慈禧之死

1908年2月25日，这一天是农历正月二十四，杭州西湖岸边聚集了四五百表情肃穆的人，他们正在公祭一位奇女子——鉴湖女侠秋瑾。

此时，距秋瑾就义已经半年有余了。上一年的7月，秋瑾与徐锡麟等革命党"密谋"，分别在皖、浙等地起义。起义失败后，秋瑾遇害，秋家被查抄。秋瑾的尸体由同善局出面收殓，后几经辗转，被放到了大校场附近的乱坟堆中。

这个时候，秋瑾的两位生前好友出场了，她们是吴芝瑛和徐自华。吴芝瑛是时任京师大学堂总教习的吴汝纶的侄女，女书法家，她比秋瑾大7岁。吴芝瑛的丈夫与秋瑾的丈夫同朝为官，两家又是近邻，吴芝瑛遂与秋瑾结拜为姐妹。徐自华同样是著名才女，她比秋瑾大两岁，曾任浔溪女校校长。1906年初，身为同盟会浙江主盟人的秋瑾从日本回国，到浔溪女校任教，由此结识了徐自华，二人一见如故，结为莫逆之交。经秋瑾介绍，徐自华和妹妹徐蕴华也加入了同盟会。

1907年2月，徐自华与秋瑾同游杭州，她们在西泠桥畔拜谒了岳飞墓地，念及山河破碎，二人在吟咏岳飞的《满江红》时声泪俱下。秋瑾慨然叹道："苟得葬于此，为福多矣。"徐自华亦为之动容，说："如你死我前，我定葬你于此；然如我先你而死，你也能葬我于此乎？"秋瑾回答："这就看我二人谁先得到这个便宜了。"

秋瑾就义后，徐自华、吴芝瑛悲愤交集，各自写下了大量纪念秋瑾的诗文。随后，徐自华、吴芝瑛商定合力实现秋瑾"埋骨西泠"的遗愿，先购墓地，再图营葬。"地如姐得，营葬妹任之；地如妹得，营葬姐任之。"经与秋家商议，徐自华和吴芝瑛历尽艰辛，终于将秋瑾的遗骨运到了西子湖边，在岳王坟旁边建起了秋瑾之墓。

秋瑾是革命党，她是为了推翻清廷而死的；在清廷尚存之际，徐自华和吴芝瑛就敢于为秋瑾营建墓地，其情感人，其勇气更为可嘉。

秋瑾墓落成后，徐自华赋诗一首："湖云山树总悲凉，春晓苏堤柳未长。添个鉴湖秋侠墓，游人凭吊泣斜阳。"

就这样，秋瑾的新坟在西子湖畔赫然隆起。在我看来，隆起的岂止是一座坟墓，它分明象征着一种全新的观念，代表着一股不可抗拒的力量。鲁迅先生曾说："中国一向就少有失败的英雄，少有韧性的反抗，少有敢单身鏖战的武人，少有敢抚哭叛徒的吊客。"徐自华和吴芝瑛便是"敢抚哭叛徒的吊客"。不仅如此，在为秋瑾营建新墓地之时，她们还登报发布公祭秋瑾的消息，响应者有四五百人。这些人在1908年的正月公祭被清廷处死的秋瑾，此事表明：一种与官方迥异的思想观念已然在民间成熟。

清廷可以在半年前处死秋瑾，可是他们无法左右人们对秋瑾的怀念之情。清廷尚在，可人们已经不以朝廷的是非为是非了。被清廷宣布为"叛乱分子"的人，民间却要认定其为英雄，清廷以之为非的，民间却以之为是。

一个政权走到这一步，意味着它很快就要灭亡了。事实也正是如此，三年后，武昌起义爆发，清廷轰然坍塌。

如果说隆起的秋瑾坟墓象征着革命势力的崛起的话，那么慈禧太后的死则毫无疑义地象征着清廷的末路。

光绪三十四年十月二十二日（1908年11月15日），慈禧太后死了。早她一天，光绪皇帝"驾崩"。慈禧太后是光绪皇帝的姨妈，在同治皇帝死后，慈禧太后让光绪继承皇位，自己"垂帘听政"。慈禧太后有极强的控制欲，一直想让光绪皇帝对自己百依百顺。可是，光绪皇帝"亲政"之后，有了自己的"政治理想"。他采纳康有为、梁启超等人的建议，励精图治，发动了戊戌变法运动。维新变法活动触动了以慈禧太后为代表的保守派的势力，慈禧太后镇压了变法运动，囚禁了光绪皇帝。十年之后，这对政敌几乎同时撒手人寰（相隔不到24小时）。

皇帝和太后相继死去，给世界留下的不仅仅有各种各样的谜团，更有其他人无法添补的权力真空。（关于光绪死亡之谜，一直有种种说法，有的说是慈禧太后在临死之前害死了光绪，有的说是袁世凯害死了光绪，还有的说是大太监李莲英害死了光绪。当然，更多人认为光绪是自然死亡。）有学者指出，如果光绪皇帝此时不死，那么在慈禧太后死后，他可能会凭着自己的威望推进被中断的维新变法，清廷或许还有一线生机；如果慈禧太后此时不死，那么她凭着铁腕手段，勉勉强强还能控制得住局势，清廷可能还会多苟延残喘几年。可是，在1908年，在戊戌变法失败10年之后，主张维新变法的皇帝死了，阻挠维新变法的太后也死了，一个时代彻底结束了。光绪皇帝和慈禧太后死后，还不到三周岁的溥仪继承了皇位，朝廷大权落在了溥仪的父亲、摄政王载沣的手里。载沣既没有光绪皇帝那样的民间威望，也没有慈禧太后那样的铁腕手段，朝政由此愈发不可收拾，等待清廷的只有迅速崩溃。

在历史上，常常有这样的年份：从表面上看，这一年风平浪静，没有发生过惊天动地的大事，可实际上，这一年潜流激荡，日后的大变局已然注定。1908年就是这样的一年：秋瑾的坟墓在杭州西子湖畔隆起，慈禧太后的死讯从北京传出，两个历史细节南北呼应，所要传达的正是一个王朝的行将灭亡和一个新时代的即将开启。

袁世凯的"文存"

法国作家大仲马曾经对小仲马说"你是我最好的作品"。如果按大仲马的逻辑，子女可看做是父母的"作品"，那么，我把这篇谈袁世凯后人的文章命名为袁世凯的"文存"也算"师出有名"了。

袁世凯有一妻九妾，一妻九妾共生了17个儿子、15个女儿。在袁世凯众多的子女中，二子袁克文显得十分另类。袁克文是袁世凯的三姨太朝鲜人金氏所生，自幼聪明过人，据说他有"过目不忘"的本领，填词、写诗、做文章都很在行，而且还能写一手好字。

袁克文跟他的大哥袁克定不同，袁克定积极支持他父亲恢复帝制，以便自己也能"子承父业"当当皇帝。可袁克文却深受"共和思想"的影响，反对父亲称帝，据说还曾写诗劝过父亲。在私生活上，一方面有父亲"姬妾如云"的示范，另一方面，贵公子出身的他又具备有挥金如土的资本，所以袁克文过上偎红依翠、声色犬马的生活也就不足为奇了。据记载，他的妻妾有十五六人之多，这些新欢旧爱，多半是青楼佳丽、当红名妓。 袁克文对姬妾的态度，也熏染了民国时代自由平等的风气，两情相悦时则暂结琴瑟，互相厌烦时则折柳分钗，分手后也不会反目成仇，有的还可以像朋友般往来。

除了擅长书法、作诗、填词、写文章外，袁克文还爱好昆曲，是个超级票友。因为袁克文花钱如流水，所以他从他父亲那里分得的十几万银圆的遗产，很快就用光了，不得不靠卖字、卖文来维持生活。据说他的字写得很好，大有苏东坡之遗风。当时的山东督办张宗昌请他写了一幅中堂，价码是1000大洋。

1931年，袁克文得猩红热死于天津时只有42岁，真可谓英年早逝。据说，他死的时候，积蓄只有放在笔筒里的20元大洋。丧事还是由他"青帮"（袁克文还曾加入过"青帮"）里的"徒子徒孙"凑钱帮他办的。出殡时，"帮"里的人，以及天津的和尚、道士、尼姑、喇嘛，都来送葬，甚至有些妓女也扎了白头绳前来哭奠。由此可见，袁克文的"人缘"还是相当好的。他虽然贵为公子，但却能跟很多底层民众"打成一片"，这在当时是难能可贵的。他一生交友无数，既有笔墨文翰之交，也有筵宴冶游之友。关于袁克文的一生，有人用"贵公子，纯文人"六个字来概括，很中肯。

袁克文有四子三女，三儿子袁家骝是位著名的物理学家，他的夫人更是有"中国的居里夫人"之称的物理学家吴健雄。1956年，杨振宁和李政道同时提出著名的"宇称不守恒"的理论假设，对这一理论进行实验证明的就是吴健雄女士。1973年，袁家骝曾偕吴健雄访华，周恩来总理接见了他们，并对袁家骝说："你们袁家的人一代比一代进步了！"

把袁世凯后人的这些故事写出来，并不想特别说明什么"宏大命

故纸眉批

229

题"。其实，历史人物并不是为了要严正验证什么伟大的"道理"才出现的，历史事件也往往不是为了要证明什么"放之四海而皆准的真理"才发生的。历史是复杂的，总想着从复杂的人与事中抽象出"道理"和"规律"来往往就会使历史沦落为教条的奴隶。袁世凯后人的故事虽然无法用来证明"道理"和"规律"，但却是真实的。真实的存在往往比虚幻的"规律"和"道理"更有价值。

如果我们非要给袁世凯的这些"文存"寻找一点意义的话，我觉得就是证明了文革时流行的血统论的荒谬。醉心权力的政客甚至是"窃国大盗"袁世凯也能生出拥有"纯文人"气质的儿子袁克文，而落魄、短命的袁克文也能生出"有出息"的儿子袁家骝——著名的物理学家。一些人无视历史的复杂，非要说什么"老子英雄儿好汉，老子狗熊儿混蛋"，岂不是荒诞透顶。

梁启超割肾的启示

1926年3月，著名的政论家、国学大师梁启超因小便出血住进了协和医院，经医生检查确定为肾肿瘤，建议切除那个"坏肾"。当时，中国人对手术很是恐惧，梁启超的好多朋友也反对"割肾"。但是梁启超不顾亲朋的反对，毅然决定做肾切除手术。

梁启超是社会名流，协和医院对他的手术自不敢懈怠，指定协和医学院著名的外科教授刘瑞恒为梁启超做手术，副手也是美国有名的外科医生。可是百密一疏，手术室值班护士在用碘酒标手术位置时弄错了，本来该切除的是左肾她却标成了右肾。刘瑞恒手术前也没有仔细核对一下挂在手术台旁边的X光片，就将健康的右肾给切除了。手术之后，梁启超的尿血症状不但没有消除，反而加重了。与此同时，协和医院也发现了这是一起医疗事故，可是院方考虑到"协和的名声"，遂将此当做"最高机密"，缄口不提。

更有趣的是梁启超的态度。对于这起手术，社会人士和梁启超的家人都觉得协和医院有"孟浪"之责。可是梁启超本人却还在替协和医院辩护，他在1926年6月2日的《晨报副刊》上发表《我的病与协和医院》一文，称："据那时的看法，罪在右肾，断无可疑。当时是否可以'刀下留人'，除了专家，很难知道。但是右肾有毛病，大概无可疑，说是医生孟浪，我觉得冤枉……"如果说这段话还算"通情达理"、言之有据的话，那么他接下来的解释就纯属谎言了："出院之后，直到今日，我还是继续吃协和的药，病虽然没有清楚，但是比未受手术之前的确好了许多。想我若是真能抛弃百事，绝对休息，三两个月后，应该完全复原。至于其他的病态，一点都没有。虽然经过很重大的手术，因为医生的技术精良，我的体质本来强壮，割治后10天，精神已经如常，现在越发健实了。"

事实是，手术之后，梁启超的病情日益加重，不到三年就去世了，所谓"越发健实"根本就是骗人之谈。在媒体上撰文替协和医院辩护的同时，梁启超私下对家人说："这回手术的确可以不必做"，"手术是协和孟浪，错误了。"

那么，梁启超为什么要替协和医院辩护，甚至不惜为此说谎呢？

原来，梁启超早就撰文比较过中医、西医之优劣，极力推崇西医，认为西医"讲求摄生之道，治病之法，而讲全体，而讲化学，而讲植物学，而讲道路，而讲居宅，而讲饮食之多寡，而讲衣服寒热之准，而讲工作久暂之刻，而讲产孕，而讲育婴，而讲养老，而讲免疫……学堂通课，皆兼卫生。"基于这种理念，他自己生病的时候就拒绝中医治疗，以此来倡导西医乃至西学。梁启超之所以替协和医院辩护，主要的用意还是替西医、西学辩护，他怕说出真相会影响西医乃至西学在中国的传播。这种将国家前途置于个人安危之上的做法，这种将自己所信奉的"主义"置于自己的健康与生命之上的情怀，自然是可敬的。可是，历史的吊诡之处就在于，一位如此倡导西医、西学的人却最终死在了西医的手术刀下。

更为可悲的是，梁启超极力为之辩护的医院始终不敢站出来承担责任。1929年1月19日，梁启超先生去世，时年只有56岁。人们在纪念梁启超的同时，再次提起了当年的"割腰子手术"，怀疑那是一起"医疗事故"，可是，面对人们的猜疑，协和医院仍然保持沉默。有文章说，直到1970年，梁思成先生后来住进了协和医院，他才从自己的主治医生那里得到了父亲早逝的真相。

现在，西医早已被国人普遍接受了，这证明梁启超当年的良苦用心没有白费。可是，从另一个方面看，如今的医疗纠纷、医疗事故很多，并且，在医疗事故中，患者维权十分艰难。我不禁想，今日患者维权之艰难是不是也与梁启超当年放弃医疗维权、医院拒不承认"医疗事故"有关呢？我们不能不说，就如何处理医疗事故而言，梁启超的做法不好。他那种为了"宏大叙事"而放弃追索个人权利的做法是不值得提倡的。真相就是真相，医疗事故就是医疗事故，如果为了西医的发展就不惜用谎言掩盖真相，为了医院的"名声"就不敢承担责任，那么，所谓的"发展",所谓的"名声"又是为了什么呢？

进一步说，没有什么值得用掩盖真相去博取，没有什么值得用谎言去维系。不论你的用心多么良苦。梁启超虽然是思想大师，可是他至死都没明白这个道理——即便明白，他也没勇气去彻底实践。

实践这一理念的任务落在了今人身上。

汪精卫与暗杀

从某种意义上讲，刺杀事件的发生是某一地区政局动荡、社会混乱、没有游戏规则可讲的直接反映。在中国，晚清、民国年间恰恰就是这样，所以，那个阶段刺杀事件格外频繁，如徐锡麟刺杀恩铭事件、吴樾刺杀清朝出洋考察大臣事件、汪精卫刺杀摄政王载沣事件、蒋介石刺杀陶成章事件、孙凤鸣刺杀汪精卫事件、郑苹如刺杀丁默村事件、国民党特务刺杀杨杏佛事件、国民党特务刺杀报人史量才事件、国民党特务刺杀李公朴和闻一多事件等等，这些刺杀事件当年均轰动一时，可是随着和平建设时代的到来，它们正在一点一点地被掩埋在历史的废墟中。如果想把这些刺杀事件全部讲清楚，那恐怕得写一本书。在这里，我只想讲述发生在一个人身上的两件事，以展示当年的刀光血色。这个人就是人们熟知的大汉奸汪精卫，他既作为刺客暗杀过别人，也作为政客被别人暗杀过。

先说汪精卫刺杀摄政王载沣事件，这一事件发生在1910年。在此之前，在孙中山和同盟会的领导下，革命者为推翻清廷发动了多次起义，如1895年的广州起义，1900年的惠州三洲田起义，1907年6月的潮州黄冈起义，1907年6月的惠州七女湖起义，1907年9月的钦州防城起义，1907年12月的广西镇南关起义，1908年3月的广东钦州、廉州起义，1908年4月的云南河口起义等，这些起义沉重地打击了清廷的统治。但是，这些起义全部被清廷镇压了下去，大批仁人志士倒在血泊中。维新党人反对暴力革命，梁启超等人看到革命党人屡败屡战，又屡战屡败，便在《新民丛报》上撰文批评革命党领袖们："徒骗人于死，己则安享高楼华屋，不过'远距离革命家'而已。"梁启超"远距离革命家"的指责对同盟会的领袖们来说是很致命的。你们整天以"革命家"自居，可是只煽动别人的子弟去送死，你们自己却好端端地在国外活着，这像话吗？你们自己怎么不上战场？你们自己怎么不去死呀？

当时，汪精卫是同盟会的评议部长，他要亲自做一回刺客，以实际行动回应"远距离革命家"的指责。他不顾孙中山和胡汉民等人的反对，毅然决然地踏上了刺杀之路，他要刺杀当时的摄政王、宣统皇帝的父亲载沣。汪精卫选中了黄复生做自己的助手，拟定用炸弹将摄政王炸死在银锭桥上。陪同他们北上的人中还有一名热血女青年叫陈璧君。当时，汪精卫是抱着必死的决心去刺杀摄政王载沣的。这种大义凛然之举感动了很多人，其中便有美女陈璧君。刺杀行动之前的一夜，热血女青年陈璧君对汪精卫说："你明天就要当烈士了，我没什么送给你的，就陪你睡一夜吧。"今人可能觉得这种做法非常荒诞，可当年的人们却将其理解为崇高：既然热血男儿可以为革命牺牲生命，热血女青年就可以为热血男儿献身。

第二天，汪精卫、黄复生的刺杀行动失败——炸弹被清廷的人发现，他们没能炸死摄政王，自己又随后被捕了。清廷为了显示宽大，并没有处死汪精卫、黄复生，只是判了个"永久监禁"。在监禁期间，汪精卫和陈璧君书信往来，反倒培养出了感情。一年以后，辛亥革命成功，作为清廷头号政治犯的汪精卫重获自由。出狱之后，他与陈璧君结为"革命伉俪"。

时光到了1935年，情况变了，当年的刺客汪精卫现在成了别人刺杀的对象。这一年的11月1日，国民党四届六中全会在南京召开，开幕式结束后，国民党的大员们集体合影。就在这时，记者群中闪出一人，从大衣中掏出手枪，对着汪精卫连开三枪。事发突然，很多人不知所措。关键时刻，国民党大员张继抱住了刺客的腰，张学良飞起一脚，踢掉了刺客的手枪，汪精卫的卫士们上前对着刺客开了两枪，刺客应声倒地。事后查明，这个刺客叫孙凤鸣，是一位具有抗日思想的爱国志士。张学良在回忆录中说，孙凤鸣刺杀汪精卫是受民国第一刺客王亚樵指使的。执行刺杀行动之前，王亚樵找了一个女人（一说就是王亚樵自己的情人），陪孙凤鸣睡了一夜。这一夜，与25年前汪精卫和陈璧君的一夜何其相似乃尔！可见，生逢乱世，热血男儿们必须学会在玉体横陈和血肉横飞之间迅速切换，这是一项残酷的生存技能——尽管后人可能会认为这带有一些浪漫色彩。

汪精卫中了孙凤鸣三枪，但并没有死。张学良回忆，当时汪精卫捂着伤口，嘴里不断地叨念："完了，完了，我完了！"反倒是他的老婆陈璧君很有气魄，她对汪精卫说："你怎么这么熊呀！死就死了，有什么大不了的！我们干革命的，不早就想到这样的下场了吗？"经抢救，汪精卫的命保住了，但一颗子弹留在了他的肋骨中间。

早年汪精卫因刺杀摄政王载沣而名声大噪，那时，他代表着先进的革命势力，他冒死前行，毫不畏惧。25年后，功成名就的汪精卫成了别人刺杀的目标，刺客与当年的汪精卫一样勇猛无畏，只是汪精卫本人已没有了当年的锐气。当年，汪精卫因刺杀摄政王载沣的勇敢之举而赢得美女陈璧君的以身相许；25年后，汪精卫因遇刺后的窝囊表现而遭到老婆陈璧君的呵斥。这中间的转变着实耐人寻味。一个人，当为了实现理想不惜以命相许的时候，他所爆发出来的能量是惊人的，他几乎可以让死神望而却步；可是，当功成名就之后，他为权力和富贵所羁绊，往往会瞻前顾后，贪生怕死，失去了当年的神勇。人们常说"权力是最好的春药"，岂不知，权力以及由权力所带来的富贵有时也是最好的泻药。汪精卫前后迥异的表现就是鲜活的明证。

逆得顺守黎元洪

在人世间，付出与得到之间的关系非常复杂，有的人辛辛苦苦奋斗了大半辈子才取得一点成绩，可有的人毫不费力就达到了同样的水平；有些人的地位是靠自己的努力赢得的，可有些人的地位却是凭着运气好，"巧"来的。比如，孙中山先生做民国的临时大总统，当然是靠多年的奋斗赢得的，可黎元洪能做副总统，则是因为运气好，"巧"来的。

黎元洪是湖北黄陂人，1883年考入天津北洋水师学堂，1888年入海军服役，1894年，参加中日甲午海战，战后投靠两江总督张之洞。1896

年，张之洞任湖广总督，黎元洪随之到湖北，参与训练新军，一步一步地当上了新军"协统"，相当于现在的旅长。

在革命党人到湖北新军中去发展革命势力的时候，黎元洪对革命并不"感冒"。当武昌起义发生后，黎元洪见清廷大势已去，便躲藏起来，不料被革命党人搜出，坚决要请他出来"主持革命大计"。黎元洪开始表示拒绝，可是革命党人不由分说，簇拥着他到了起义的临时指挥部，要他在安民文告上签字。黎元洪连声说："莫害我莫害我。"最后还是由革命党人替他签下了大名。

布告张贴之后，武昌城内万头攒动，"都督黎元洪"的大名不胫而走。

黎元洪之被推上革命的前台，显然与武昌起义时孙中山、黄兴等革命党的重要人物均不在武汉有直接关系。起义事发仓促，待控制了武昌之后，革命党人发现还缺少一个首领式的人物。于是，历史的浪潮硬生生地把一个清廷的新军协统推上了革命的风口浪尖。

对黎元洪而言，革命军"都督"这个职位是"巧"来的，可是，"巧"这个职位之后，黎元洪的作为可圈可点。他很快就顺应了历史的潮流，拥护革命，宣传"共和"，成了民国时期一位重要的政治人物。孙中山当民国临时大总统的时候，黎元洪被选举为副总统。等袁世凯当上大总统的时候，黎元洪仍是副总统。更难能可贵的是，在袁世凯要复辟帝制的时候，黎元洪极力反对。袁世凯封黎元洪为武义亲王，可是黎元洪坚决不受。在历史关键时刻，黎元洪守住了"大节"。

这就叫"逆得顺守"。虽然黎元洪得到"都督""副总统"的官位有极大的偶然因素，但是，在得到官位之后，黎元洪的作为是规规矩矩的。这就比那些用非法的手段捞取官位，然后再用手中的权力去胡作非为的人要好多了。

我们不得不承认，有些人的运气就是好，好到位子、票子想不要几乎都不行的地步。东西得来得太容易，很多人就不知道珍惜——官当得容易就四处招摇，钱赚得容易就挥霍无度。这样的人就不懂得"逆得顺守"的道理，他们应该向人家黎元洪学习。

史迪威的"水土不服"

在一本书中，我看到过一幅蒋介石夫妇与美国史迪威将军的合影：宋美龄站在中间，两只手臂分别挎着蒋介石和史迪威，蒋介石和宋美龄微笑着，而史迪威则用一种美国人特有的表情望着前方。这张照片拍摄于缅甸，时间是1942年4月。在我看来，这张照片实在是有点意味深长：一个美丽、优雅、兼通中西的显赫女人力图使两个分属东西方的男人联合起来以进行愉快的合作。可惜的是，这两个男人的性格和文化差异实在是太大了，他们之间的抵牾很快就发生了。

1941年12月，日本偷袭美国的珍珠港，太平洋战争爆发。为了对付共同的敌人日本，中美两国迅速展开了军事合作。史迪威中将当时被誉为"美国军队中最有才华的军团指挥官"，他对中国有很深了解，同时，马歇尔上将还特别器重他。这些因素加在一起，使他得到了一份"在整个战争期间，对任何美国人来说都是最困难的工作"。他被选派为蒋介石的盟军联合参谋部参谋长和中缅印战区美军总司令，美国军方给他的赴华使命是："为进行战争，提高美国对中国政府援助的效力和帮助中国军队提高战斗力。"这样,史迪威将军代表美国军方来到了中国。

史迪威将军是美国的职业军人,他对缺点直言不讳,不喜欢官僚主义的繁文缛节和装腔作势。这种在美国人看来是极其优秀的品质,到了中国之后立马水土不服。蒋介石的个性正好与史迪威相反,他爱慕虚荣,注重含蓄,强调上下尊卑,有着极强的"身份意识"。于是,史迪威与蒋介石的矛盾不可避免地发生了。赴华工作不久,史迪威就视蒋介石为"一个无知、专横、顽固不化的人",他在朋友中间轻蔑地称蒋为"花生米"。同时他还看不惯国民党政府的腐败和独裁,说国民党政府的独裁和德国纳粹的独裁一样,都是"强盗行径"。现在看来,史迪威将军的见解非常深刻。可是在当时,蒋介石知道了史迪威对他的态度后,反过来也讨厌这个美国人。

当然,性格不合之外,两人的工作目标也根本不同。史迪威将军关心军事问题,他要对"美国对中国政府援助的效力"负责,同时要提高中国军队的战斗力,以促进抗日战争的胜利。他认为,国民党军队"总的来说处在令人绝望的状态"。为此,他建议裁军一半,清除不称职的军官,同时由美国来训练和装备首批30个师,最后达到100个精锐师的规模。他还建议改变军事物资的运输只依赖驼峰航线的状况,只有开辟一经缅甸的陆上运输线,才能保障足够的军事物资装备军队,以打败日军。

在蒋介石看来,史迪威关于裁军和发动对日本军队进攻的建议是十分讨厌的。因为改编军队将打破中国政治力量的平衡,不利于蒋介石和国民党政府的"稳定"。如果按照史迪威的主张去做,军权还有可能落入蒋的政敌——比如李宗仁和白崇禧——之手。另外，到了抗战的相持阶段，蒋介石的国民党政府一直消极抗日。蒋介石认为，盟国参加战争以后，最终战胜日本是肯定无疑的。但是，他与共产党的角逐尚属未定之局。所以，他的首要任务是保存军事实力和增强自己的个人权力。

史迪威和蒋介石的合作很不愉快，改变军队的计划被搁浅，国民党军队的战斗力也没能得到提高。到了1944年，豫湘贵战役爆发，国民党军队一溃千里，彻底暴露了国民党军事上的无能和腐败，同时也暴露了国民党政府消极避战的思想。此时，史迪威认为"治疗中国顽症的药方就在于除掉蒋介石"，他甚至以诅咒来表达他对蒋介石的不满："为什么暴死就不能在适当的地方降临呢？"豫湘贵战役的彻底失败，使罗斯福总统也对蒋介石感到失望，他于1944年9月19日给蒋介石发电报，要求蒋授权史迪威"不受限制地指挥您的全部军队"。这份电报是史迪威亲自交给蒋介石的。史迪威当时的狂喜之情溢于言表，他在当天的日记中写道："我把这包红辣椒面交给花生米……'投枪'击中了这个小人物的太阳穴，并且穿透了他。真干净利索，他除了脸色发青，说不出一句话来，眼睛一眨不眨。"

罗斯福的电报等于剥夺了蒋介石的军事指挥权。这蒋介石岂能接受。蒋介石不屈不挠地劝说罗斯福召回史迪威。一个月之后，劝说奏效，史迪威将军被召回，接替史迪威的是魏德迈。

反观史迪威将军在中国两年多的工作经历，我们可以得出如下结论：其一，作为美国的职业军人，史迪威来到中国后明显"水土不服"；其二，因为"水土不服"，史迪威的很多建议没有被采纳，他的工作不能说卓有成效；其三，也是最重要的一点，对史迪威的"水土不服"该如何评价？回顾历史，该指责的到底是史迪威还是蒋介石？抗日战争已经胜利60多年了，但是中外交往还继续。从这个意义上讲，蒋介石和史迪威之间不愉快的合作为我们提供了一份失败的案例。我们当然可以说，失败是外人对中国的"特殊国情"不了解所致——外人来华工作，不了解中国的"特殊国情"，"水土不服"，失败了活该。可是，我们能否从另一个角度思考一下：如果我们的"水土"中含有许多毒素，我们又有什么资格要求别人来"服"。人家不"服"，尚且健康，一"服"就中毒，人家干嘛要"服"。譬如史迪威，他是一名优秀的美国职业军人，可如果"服"了中国的"水土"，他就会变成跟蒋介石一样的政客与官僚。在这种状况下，我们批评的指向到底是该针对"不服水土"的人呢？还是该针对含有毒素的"水土"？这个问题显然值得我们深思。

周作人的迷失

对于周作人投降日本，一直有人为他辩护。辩护的理由无非是说周作人"有才"，"学问大"，不至于不识民族大义，并引周作人《知堂回想录》中一段有名的替自己辩解的话作证："……请勿视留北诸人为李陵，却当作苏武看为宜。此意亦可以奉告各位关心我们的人。至于有人如何怀疑或误解殊不能知，亦无从一一解释也。"周作人确实是文章高手，寥寥两句，就把后人替他辩解的"基调"给定下了。而且还引经据典，又是李陵又是苏武的，好像自己委屈至极，世人根本无法了解，所以只好"述往事，思来者"了。

故纸眉批

其实，北平沦陷之后，周作人当汉奸是硬生生的事实，他拿了日本人的"特任官俸"，担任伪职"督办"，出任汪伪国民政府委员。这些岂是他的辩解所能掩盖的。

如今的问题是，我们应该追问：是什么促使周作人从一个"大文人"变成了一个"大汉奸"，是哪些心理弱点造成了周作人的"变节"，这些因素对今人又有着怎样的警示意义。

我的回答是：贪图享受、见利忘义是促使周作人从"大文人"变成"大汉奸"最主要的原因。

周作人和鲁迅虽然是亲兄弟，但两人的性格和精神气质却完全不同。鲁迅是一位思想战士，他早年经历过父亲病亡、家庭从小康到困顿的过程，深刻地体验了生活的艰辛和世态的炎凉。日后，不论外部环境多么恶劣，鲁迅从不向恶势力妥协，他一面体味着"浓黑的悲冷"，一面以犀利的批判对抗冰冷的世界。可以说，鲁迅始终没有逃避过生活，没有逃避过责任。周作人则不同，家庭困顿之际，有兄长奔走在"药铺和当铺之间"；留学日本之时，有兄长在身边关照。周作人日后以写闲适小品著称，这恐怕与他早年缺乏磨砺的经历不无关系。在一个对生活的艰辛没有切身体验的人看来，"闲适"几乎就是现实生活的全部，"闲适"几乎就是人生的终极理想，"闲适"几乎就是宇宙的真谛！

抗日战争全面爆发后，北平沦陷。这时，周作人完全可以像那个时代的绝大多数文人一样，离开北平，南下，西迁，最后任教于西南联大。可是，如果这样，他也就失去了"闲适"的生活——在全民抗战的大旗之下，爱国的文人教授们早已和国人一起共赴国难了，哪里还能享受"闲适"。

温室里的花朵，或许也会开得娇艳，可是它缺乏独立性，缺乏应对风云突变的能力。在全民抗战的大变局面前，为了保住自己的"闲适"生活，周作人就只好放弃民族大义了。陈明远先生写了一本叫《文化人的经济生活》的书，详细考证了各个时期主要文化人的经济收入和生活水准，其中提到，抗战时期，文化人的实际经济收入和生活水准降到了晚清以来的最低点，很多著名教授的薪水根本不足以养家糊口，不少有名的文人（比如汤用彤）只得食粥度日。与之形成鲜明对照的是，当了汉奸的周作人却过得极端"闲适"——不仅是闲适，简直是奢侈了。日本人给周作人的"特任官俸"是月薪1200元，是周作人原来薪水的两倍。据陈明远先生考证，当时的1200元相当于今天的人民币36000元，绝对是高薪。不必受战时的颠沛之苦，又能拿到比和平时期还要多得多的高薪，这当然最符合周作人"闲适"的生活追求了。只可惜，这样的生活是靠当亡国奴做汉奸换来的，人格的代价实在是太大了。

　　抗战时期，中国的汉奸数以千万计。政坛最大的汉奸要数汪精卫，文坛最大的汉奸就要数周作人了。两人都不是凡夫俗子，智商也都不低，可是，在民族大义的问题上，两者都昏了头——前者昏于权，后者昏于钱。

　　抗战的硝烟已经整整消散60年了，如今，追求高薪、追求财富、追求有品味有情调的"闲适生活"又已成了许多人天经地义的目标。人们能获得享受"闲适生活"的权利是时代的进步，"闲适生活"本身也没有什么错。但是，我们也应警惕："闲适"本身就是有代价的——它极易让人养成贪图安逸、不思进取、自私自利的性格。同时，沉湎于"闲适"所要付出的代价更大，若为了"闲适"就不惜出卖人格，出卖原则，出卖正义和公理，那实在是悲剧。这便是周作人对今人的警示。

马一浮的"复性"梦想

马一浮（1883~1967）是与梁漱溟、熊十力齐名的国学大师（三人合称"新儒家三圣"）。他不仅国学功底深厚，而且对"西学"也用力颇多，他早在1901年就与谢无量等人创办了《二十世纪翻译世界》杂志，专门介绍西方文学。随后，他又远赴美国、德国、西班牙、日本等游学，撰文宣传西方的先进思想，支持孙中山先生的辛亥革命。辛亥革命成功后，马一浮潜心研究学术，在中国的哲学、历史、文学、佛学、书法等诸多领域均有很深的造诣。关于马一浮的博学，弘一法师李叔同曾说，马先生是全中国读书最多的人，假如有个人生下来就读书，读到马先生的年龄，他读的书也不会比马先生多。因为学贯中西、精通儒佛，所以，后人称马一浮为"儒释哲一代宗师"，周恩来总理更是称赞他为"我国当代理学大师"。

有趣的是，博学多才的马一浮在为人处世方面颇为"迂阔"。蔡元培先生曾力邀马一浮去北京大学任教（当时的北大正是新文化运动的中心），可马一浮偏偏拒绝了。蒋介石也曾以高官相许，马一浮同样拒绝。早年的马一浮介绍"西学"，对西方的"民主"与"科学"心向往之。可是，当新文化运动汹涌而来之时，马一浮又表现出了某种疏离之感。当陈独秀、胡适、鲁迅等人大肆宣传"德先生"与"赛先生"之际，马一浮选择了在西子湖畔做一名隐士。

其实，马一浮的心中另有梦想。他的梦想就是"复性"——恢复国人"本善"的"心性"。"人之初，性本善"，可是，在一个人心浮躁的乱世，很多人的心性已经被污染了。若不从根本上帮助国人"复性"，则国家和民族的未来着实堪忧。一个缺乏文化自信和文化定力的民族，即便是努力向西方学习，所学到的往往也只是人家的皮毛，而非精髓。

对于从西方引进的现代大学制度，马一浮虽然肯定其学科周详的优点，但也直言不讳地指出，现代大学已经成了贩卖知识的场所，教师计时上课收费，学生下课哄然而散，师生之间缺乏足够的人格熏染与心性互动，而这恰恰遗漏了教育的根本。另外，现代大学多致力于培养各学科的专门人才，对"通才"教育重视不够，这种教育能教出眼界狭隘的"专家"，却不能造就气魄恢弘、胸怀天下的"大师"。

马一浮想用中国传统的书院制度来弥补现代教育的缺憾。在中国历史上，岳麓书院、白鹿洞书院、东林书院等曾在教育史和文化史上写下过光辉灿烂的篇章。可以想象，在对现代大学教育抱以忧虑的同时，马一浮的脑海中一定会浮现出上述书院迷人的图景。他想接续这份图景，做拯救世道人心的工作。早在1912年，马一浮就对蔡元培提出过自己的教育理想："设通儒院，以培国本，聚三十岁以下，粗明经术小学，兼通先秦各派学术源流者，一二百人，甄选宁缺毋滥……延聘老师宿儒，及外国学者若干人，分别指导。假以岁月，使于西洋文字精通一国，能为各体文词，兼通希腊、拉丁文，庶几中土学者可与世界相见……十年、廿年之后，必有人才蔚然兴起，此非一国之本，亦世界文化沟通之先声也。"蔡元培认为他的想法"为时尚早"。

拥有高远的理想却又生逢乱世，马一浮自然也知道这其中的艰难，所以他选择了归隐——没有实现理想的土壤，宁可选择等待也不随波逐流。这到底是一种"迂阔"还是一份淡定，恐怕很难说。

1939年，机会来了。在蒋介石、陈立夫等人的支持和邀请下，马一浮在四川乐山县创办了"复性书院"。书院以"讲明经术，注重义理，欲使学者知类通达，深造自得，养成刚大贞固之才"为主旨，不授予学生任何学位资格，亦不受任何政治势力干涉，希望以这种独立、自由的讲学氛围来弘扬传统学术，恢复纯善之心。

可惜的是，马一浮的"复性"梦想很快就破灭了。马一浮原来希望国民党政府一次性划拨的大笔款项不能到位（要逐月划拨），这让复性书院在经济上失去了独立性。此外，国民党的教育部一直试图插手书院事务，要求书院核备教材和填报人员履历。除了对国民党当局的失望外，当时的社会大环境也与书院的追求格格不入。当时的学生来书院多是为了学知识、谋出路，本意不在"复性"。人们的求学需求与马一浮的办学理念背道而驰，二者不能调和，最终出现了学生不辞而别的现象。种种因素集合在一起，使马一浮发出了"书院在今日，已无存理，自是吾德薄不能感人"之叹。于是，马一浮在1941年终止了书院讲学，"复性"的梦想犹如昙花一现。

马一浮的"复性"梦想虽然没有得到实现，但是，马一浮的道德文章和他所进行的文化追问却始终是有价值的。他当年批评过的那些教育弊端如今依然存在，而他所提出的恢复国人本善心性的"复性"之说更是有着积极的现实意义。从山西黑砖窑事件到三鹿奶粉事件，我们都可以看到"人心大坏"所造成的触目惊心的后果。人的良知一旦被各种自私的欲望（包括过度的权欲、利欲、情欲等）所遮蔽，人就会成为只知道赚钱和享乐而没有羞耻之心和恻隐之心的机器，干起坏事来没有底线。

今天的中国已然站在了一个新的起点上——与马一浮当年所面对的那个积贫积弱的中国不可同日而语。但是，今天的中国仍然需要面对道德建设的问题。如何大面积、普遍地恢复国人本善的"心性"，这是一项不容回避的课题。在这样的时刻，回想马一浮先生的"复性"梦想，回想他为拯救世道人心所做出的种种努力，我们似乎不得不承认，那个看上去有些"迂阔"的马先生恰恰是一位文化先知。